中国建筑业改革与发展研究报告(2015)

——结构调整与组织优化

住房和城乡建设部建筑市场监管司
住房和城乡建设部政策研究中心 编著

中国建筑工业出版社

图书在版编目(CIP)数据

中国建筑业改革与发展研究报告. 2015——结构调整与组织优化/住房和城乡建设部建筑市场监管司，住房和城乡建设部政策研究中心编著. —北京：中国建筑工业出版社，2015. 11
ISBN 978-7-112-18608-2

Ⅰ. ①中… Ⅱ. ①住… ②住… Ⅲ. ①建筑业-经济体制改革-研究报告-中国-2015②建筑业-经济发展-研究报告-中国-2015 Ⅳ. ①F426.9

中国版本图书馆 CIP 数据核字(2015)第 250526 号

中国建筑业改革与发展研究报告

(2015)

——结构调整与组织优化

住房和城乡建设部建筑市场监管司
住房和城乡建设部政策研究中心 编著

*

中国建筑工业出版社出版、发行(北京西郊百万庄)
各地新华书店、建筑书店经销
北京天成排版公司制版
北京中科印刷有限公司印刷

*

开本：787×960 毫米 1/16 印张：8¼ 字数：132 千字
2015 年 10 月第一版 2015 年 10 月第一次印刷
定价：**32.00** 元

ISBN 978-7-112-18608-2
(27790)

本书由住房和城乡建设部建筑市场监管司和政策研究中心组织，围绕“结构调整与组织优化”这一主题进行编写。全书共四章，分别从中国建筑业发展环境、中国建筑业发展状况、着力深化改革推进行业发展、“新常态”下建筑需求结构及应对策略四方面进行了详细的阐述。附件给出了2014～2015年建筑业最新政策法规概览、贵州省人民政府关于加快建筑业发展的意见、四川省人民政府关于促进建筑业转型升级加快发展的意见、陕西省人民政府关于推进建筑业转型升级加快改革发展的指导意见、吉林省人民政府关于加快发展建筑支柱产业的意见及部分国家建筑业情况。

本书对于建筑业企业领导层及管理人员确定建筑业的发展方向有很好的参考作用。

责任编辑：王　梅　李天虹

责任校对：李美娜　关　健

《中国建筑业改革与发展研究报告(2015)》编委会

编委会主任： 易　军

编委会副主任： 吴慧娟　李如生　刘　灿　秦　虹

编委会成员：（以姓氏笔画为序）

马占林　马育功　王子牛　王早生　王国清　王铁宏　王毅忠
毛方益　毛传强　田国民　白　光　师　健　曲　琦　刘　哲
刘晓艳　刘联伟　刘翠乔　李　明　李台然　李兴军　李凯军
李秉仁　李荣庆　李健康　李德全　肖　徽　吴　涛　吴昌平
张　毅　张宝伟　范　强　尚春明　金昌宁　周武进　郑建钢
修　璐　徐学军　郭五代　郭燕军　唐道明　曹　剑　曹金彪
曾少华　曾宪新　裴　晓　谭新亚　樊剑平

编著单位： 住房和城乡建设部建筑市场监管司
住房和城乡建设部政策研究中心

编写统筹： 李德全　陈　波　宋梅红　谭　华

报告统撰： 李德全　许瑞娟

编 写 说 明

《中国建筑业改革与发展研究报告(2015)》在编撰单位的努力和建筑业各行业协会、企业、媒体、相关单位的大力支持下,继续得以与行业内外读者见面。本期报告有如下几个特点:

1. 围绕既定主题编写。本期报告的主题是“结构调整与组织优化”。随着我国经济发展进入新常态,经济增速、固定资产投资增速放缓,建筑业将从高速增长转向中高速增长,建筑业依赖投资和低要素成本驱动的发展方式已难以为继,如何积极应对、主动适应“新常态”,变革生产方式,优化产业结构,使规模与质量、速度与效益、增长与转型达到新的平衡是建筑企业面临的艰巨任务,不仅成为行业热议的话题,也将成为本期报告的主题。

2. 报告的框架内容。围绕主题,报告由四个部分组成。第一部分分析 2014 年以来我国的宏观经济形势;第二部分全面反映 2014 年我国建筑业包括建筑施工、勘察设计、建设监理与咨询、工程招标代理、对外承包工程等方面的发展状况,反映这一时期的质量安全形势;第三部分反映政府主管部门着力深化建筑业体制机制改革的情况;第四部分分析建筑业发展面临的机遇和挑战,提出新形势下促进建筑业发展的对策建议。

3. 以广义的工程建设承包服务主体为对象。2015 报告以广义的工程建设承包服务主体为对象。虽然建筑施工与勘察设计、工程监理及招投标代理等咨询服务属于不同的产业分类领域,但在工程建设领域活动中,形成了紧密关联、相互依托的广义建筑业内涵。所以本报告仍然以包括建筑施工、勘察设计、工程监理和相关咨询服务业为对象。

4. 诚挚致谢。在撰写报告期间,编撰单位召集建筑企业部分专家进行了形势分析和研讨,各位专家从不同角度对于建筑业的发展形势进

行了分析，为报告形势分析的基本观点做出了贡献。报告还采用了《中国建设报》、《建筑时报》、《建筑经济》、《建筑》等媒体和有关单位的一些信息和研究成果，在引用成果时，署了作者姓名，在这里也向相关作者、专家、相关媒体一并致以诚挚谢意。

由于时间紧迫，工作量大，在编写过程中，难免有一些疏漏和不完善的地方，敬请读者加以指正。

住房和城乡建设部建筑市场监管司
住房和城乡建设部政策研究中心

目　　录

第一章　中国建筑业发展环境

一、宏观经济环境

(一) 国民经济稳定增长

2014年，面对严峻的国内外环境和极其复杂的改革发展任务，党中央、国务院坚持稳中求进的工作总基调，稳定宏观经济政策，继续创新宏观调控思路和方式，实行定向调控，激活力、补短板、强实体。强力推进结构性调整，加大改革力度，通过简政放权激发市场和企业活力，培育经济增长的新动力。2014年，国民经济在新常态下平稳运行。全年国内生产总值636139亿元，比上年增长7.3%；居民消费价格涨幅2%，低于上年；城镇新增就业1322万人；城镇居民人均可支配收入实际增长6.8%，农村居民人均可支配收入实际增长9.2%；财政收入增长8.6%。

(二) 深化改革释放市场活力

2014年，重点改革扎实推进。制定并实施深化财税体制改革总体方案，预算管理制度和税制改革取得重要进展，专项转移支付项目比上年减少1/3以上，一般性转移支付比重增加，地方政府性债务管理得到加强。存款利率和汇率浮动区间扩大，民营银行试点迈出新步伐，“沪港通”试点启动，外汇储备、保险资金运用范围拓展。能源、交通、环保、通信等领域价格改革加快。继续简政放权，国务院各部门全年取消和下放246项行政审批事项，取消评比达标表彰项目29项、职业资格许可和认定事项149项，再次修订投资项目核准目录，大幅缩减核准范围。推进工商登记制度改革，进一步放松对市场主体准入的管制，降低准入门槛，促进市场主体加快发展。

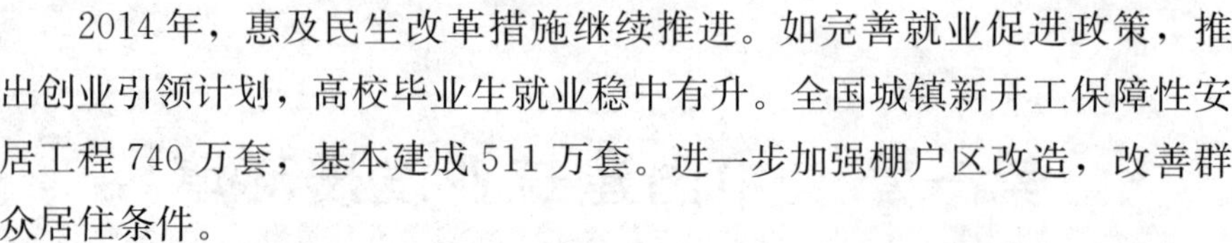

2014 年，惠及民生改革措施继续推进。如完善就业促进政策，推出创业引领计划，高校毕业生就业稳中有升。全国城镇新开工保障性安居工程 740 万套，基本建成 511 万套。进一步加强棚户区改造，改善群众居住条件。

(三) 固定资产投资增速放缓

2014 年，全社会固定资产投资 512761 亿元，比上年增长 15.3%。其中，固定资产投资(不含农户)502005 亿元，增长 15.7%，农户投资 10756 亿元，增长 2.0%。东部地区投资 206454 亿元，比上年增长 15.4%；中部地区投资 124112 亿元，增长 17.6%；西部地区投资 129171 亿元，增长 17.2%；东北地区投资 46096 亿元，增长 2.7%(表 1-1、图 1-1、图 1-2)。

2010～2014 年固定资产投资、建筑业总产值规模及增速　　表 1-1

类别/年份	2010	2011	2012	2013	2014
固定资产投资(亿元)	251684	311485	374695	444618	512761
固定资产投资增速(%)	12.1	23.8	20.3	18.7	15.3
建筑业总产值(亿元)	96031.13	116463.32	137217.86	160366.06	176713.40
建筑业总产值增速(%)	25.0	21.3	17.8	16.9	10.2

数据来源：固定资产投资数据引自国家统计局《2014 年国民经济和社会发展统计公报》；建筑业总产值数据引自国家统计局《中国统计年鉴》、《2014 年建筑业企业生产情况统计快报》。

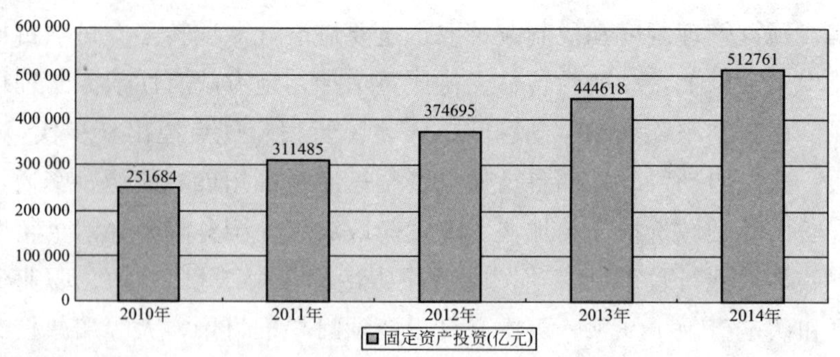

图 1-1　2010～2014 年全社会固定资产投资规模图示

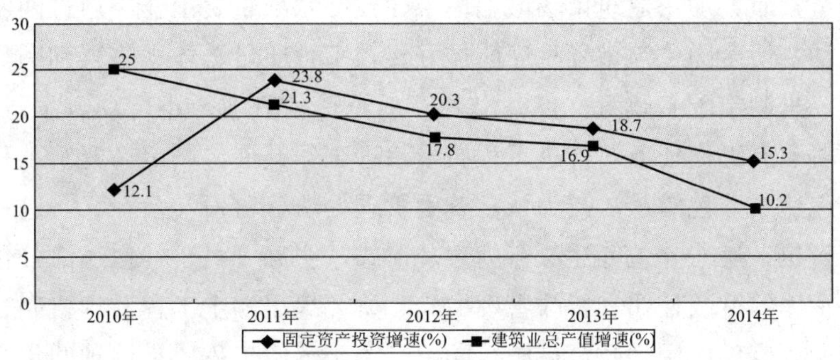

图 1-2　2010～2014 年固定资产投资增速、建筑业总产值增速图示

二、政府监管与服务

(一) 建筑市场

加强立法，完善建筑市场法规制度建设。2014 年，住房和城乡建设部进一步完善建筑市场监管法规体系。修订印发《建筑业企业资质标准》、《建筑工程施工许可管理办法》、《房屋建筑和市政基础设施工程施工分包管理办法》、《建筑业企业资质管理规定》。起草完成《工程设计资质标准》（征求意见稿）、《工程设计资质标准实施意见》初稿、《工程监理企业资质管理规定》（征求意见稿）、《建设工程监理范围和规模标准规定》初稿，印发《关于进一步加强建筑工程施工许可管理工作的通知》。修订《建设工程设计合同(示范文本)》、《建设工程施工专业分包合同(示范文本)》和《建设工程施工劳务分包合同(示范文本)》（征求意见稿），明确合同签订双方责任，引导、规范双方市场行为。

真抓实干，开展工程质量治理两年行动。为规范建筑市场秩序，保障工程质量，促进建筑业持续健康发展，2014 年 9 月，住房和城乡建设部在全国启动为期两年的工程质量治理行动。一是组织召开全国电视电话会议。9 月 4 日，住房和城乡建设部召开工程质量治理两年行动电视电话会议，部署开展工程质量治理两年行动，重点抓好全面落实五方主体项目负责人质量终身责任、严厉打击建筑施工转包违法分包行为、健全工程质量监督和监理机制、大力发展建筑产业现代化、切实提高从业人员素质、加快建筑市场诚信体系建设等六项重要工作。通过两年治理行动，使全国建筑市场秩序明显好转，工程质量总体水平得到明显提升。二是制定配套政策文件。出台《工程质量治理两年行动方案》，全面部署重点工作任务，推进工程质量治理工作开展。制定《建筑工程施工转包违法分包等违法行为认定查处管理办法(试行)》及释义，进一步界定转包、违法分包等违法行为表现形式，明确了对于转包违法分包等违法主体的行政处罚和行政管理措施；研究提出健全工程监理机制、进一步发挥监理作用的政策措施；印发《关于落实工程质量治理两年行动有关工作的通知》、《建筑工程项目总监理工程师质量安全责任六项规定(试行)》、《关于认真开展建筑工程项目全面排查工作的通知》等一系列配套政策文件，督促各地制定工程质量治理两年行动实施方案，切实落实两年行动工作。三是严厉打击转包挂靠等违法行为。组织编制《工程质量治理两年行动督查工作手册》和检查表格，建立了全国建筑市场执法检查专家库，分别于6月、9月分两批对全国30个省市区(西藏除外)开展执法检查，重点抽查建筑工程施工违法发包、转包、违法分包、挂靠等违法行为，每月对各地查处情况进行通报。四是加强舆论宣传。组织开展相关政策的宣贯培训，详细讲解转包违法分包等违法行为认定办法条文，提高各地住房城乡建设主管部门工作人员和执法检查专家业务水平。在住房和城乡建设部网站和中国建设报设立"工程质量治理两年行动"专栏，编辑《建设工作简报-工程质量治理两年行动专报》，宣传有关政策，报道各地动态，曝光违法违规企业和个人。五是畅通投诉举报渠道。在住房和城乡建设部网站开设投诉信箱，接受群众关于工程质量的投诉举报，及时进行调查处理，并将调查及处理情况通过全国建筑市场监管与诚信信息发布平台向社会公布。

创新思路，加大建筑市场监管力度。一是加强房屋和市政工程招投标监管。推进房屋市政工程招标制度改革，试行非国有资金投资项目自主发包；推进电子招投标，改革招投标监管方式，对《电子招标投标系统检测认证管理办法》、《关于规范电子招标投标系统建设运营促进电子招标投标健康有序发展的通知》提出意见；加强有形市场建设，对《整合建立统一的公共资源交易平台工作方案》提出相关意见。二是规范个人执业资格管理。启动修订《注册建造师管理规定》，规范建造师执业行为；研究拓宽工程技术专业人才进入监理行业的门槛，解决监理工程师总量不足的问题，研究提出调整全国监理工程师执业资格考试报名条件的工作方案。三是开展建筑业改革发展试点工作。印发《住房城乡建设部关于开展建筑业改革发展试点工作的通知》，选取部分具备条件的省市在建筑劳务用工管理、建设工程企业资质电子化审批、建筑产业现代化、建筑市场综合监管等方面先行开展试点工作，探索一批各具特色的典型经验和先进做法，为全国建筑业改革发展提供示范经验。推进钢结构专业承包企业开展房屋建筑工程施工总承包试点工作，批准 16 家钢结构专业承包企业直接取得房屋建筑工程施工总承包一级资质，促进钢结构企业转型升级，推动绿色施工和建筑节能减排。四是加快建筑市场监管信息化建设。建立全国建筑市场监管与诚信信息发布平台，整合企业、人员、工程项目数据信息和诚信信息，通过平台向社会公众发布；印发《住房城乡建设部关于印发＜全国建筑市场监管与诚信信息系统基础数据库数据标准＞(试行)和＜全国建筑市场监管与诚信信息系统基础数据库管理办法＞(试行)的通知》，组织召开全国建筑市场监管与诚信信息系统培训暨现场会议，督促各地加快信息化建设，逐步实现"数据一个库，监管一张网，管理一条线"的目标要求。五是加大违法违规行为查处力度。对涉及安全事故责任的企业处以降低资质等级的行政处罚，对涉及安全事故责任的注册人员处以吊销注册证书、停业整顿的行政处罚，对提供虚假材料骗取资质资格的企业和注册人员撤回资质证书或撤销注册执业资格，对提供虚假材料申请资质资格的企业和注册人员处以通报批评。企业和人员的违法违规行为记入其诚信档案，并通过《中国建设报》曝光栏、住房城乡建设部诚信信息平台对外发布。

优化环境，推进建筑业健康发展。一是组织召开建筑业改革发展大会。2014 年 5 月 7 日，住房和城乡建设部在安徽省合肥市召开全国建筑业改革发展暨工程质量安全会议，深入分析了建筑业改革发展需要解决的重要问题，研究部署了未来建筑业深化改革的重点工作任务。会后印发《住房城乡建设部关于推进建筑业发展和改革的若干意见》，明确了推进建筑业改革发展的指导思想、发展目标，提出了进一步促进建筑业发展、转型升级的改革措施。二是解决行业突出问题。开展建筑业“营改增”调研，与财政部多次沟通建筑业“营改增”的测算和配套政策的制定；推进工程建设项目组织实施方式改革，倡导工程总承包模式，完善工程总承包管理制度；印发《住房城乡建设部关于进一步加强和完善建筑劳务管理的指导意见》，倡导多元化建筑用工方式，推行实名制管理，健全劳务人员培训与技能机制，规范建筑施工企业用工行为，落实企业责任，加强政策引导与扶持。三是推进建筑业国际交流工作。做好对外工程承包相关工作，在上海自贸区、中美自由贸易谈判、中韩中澳自贸区谈判等领域，积极稳妥地参加建设领域相关的贸易磋商和相关承诺的落实工作，推进国际双边建筑市场的扩大与开发，促进国际交流合作，推进建筑业“走出去”。

转变观念，推进行政审批制度改革。一是进一步简政放权。研究下放甲级招标代理机构资格认定审批权限，由省级住房和城乡建设主管部门实施；研究一级注册建筑师、勘察设计注册工程师、一级注册建造师和监理工程师执业资格认定等四项行政审批事项改革政策，积极与中编办、人社部进行沟通，并做好相应法规规章的修订工作准备，做到管理不乱，有效衔接；在广东省开展试点，将监理工程师变更注册和注销注册下放至省级住房和城乡建设主管部门；贯彻落实《国务院关于进一步优化企业兼并重组市场环境的意见》(国发［2014］14号)文件精神，印发《关于建设工程企业发生重组、合并、分立等情况资质核定有关问题的通知》，方便服务企业，简化审批手续。二是完善企业资质标准。修订《建筑业企业资质标准》，将专业承包资质序列由60个类别减少为36个类别，取消了劳务分包序列13个资质类别，只设1个施工劳务资质，且不分类别和等级；修订《工程设计资质标准》，拟将专业资质由155个精简为88个，让企业在更大范围承接业务，激发企业活力。三是推进企业资质电子化申报和评审。在13个省市试点的基础上，自2014年10月起，全面开展监理资质网上申报和审批工作，提高审查效率，降低企业负担。完善专家审查制度，在电子化审查中开展专家模块化审核试点，确保审查尺度统一，做到一岗多人负责制。

优化资质审查流程，加强证后监管。优化业绩核查工作流程，将业绩核查和资质审查调整为并联审查，提高审批效率。为加强事中事后监管，制定《建设工程企业事中事后监管工作方案》。加大对弄虚作假取得资质企业的查处力度，对各地违法违规企业动态监管和行政处罚情况实施统计通报制度，督促各级住房城乡建设主管部门加强监管，进一步加大对违法违规企业的处罚力度。

(二) 质量安全

完善法规制度，为工程质量安全提供保障。一是进一步修改完善《建设工程抗震管理条例(初稿)》，组织开展《建设工程安全生产管理条例》修订的前期研究工作，拟定《城乡建设防灾减灾“十三五”规划》框架草案。二是发布《建筑施工企业主要负责人、项目负责人和专职安全生产管理人员安全生产管理规定》(住房和城乡建设部令第17号)，完成《建设工程质量检测管理办法》(建设部令第141号)修订送审稿。三是配合工程质量治理两年行动，印发《建筑工程五方责任主体项目负责人质量终身责任追究暂行办法》和《建筑施工项目经理质量安全责任十项规定(试行)》。印发《工程建设工法管理办法》、《建筑施工安全生产标准化考评暂行办法》、《房屋建筑和市政基础设施工程施工安全监督规定》和《房屋建筑和市政基础设施工程施工安全监督工作规程》等规范性文件。修订《房屋建筑工程抗震设防管理规定》和《市政公用设施抗灾设防管理规定》。四是严格执行中央关于推进行政审批制度改革、促进政府职能转变的要求，推进梁思成建筑奖转移试点工作。

开展工程质量治理两年行动，落实质量终身责任。一是召开全国工程质量治理两年行动电视电话会议，部署两年行动工作。召开宣贯落实会，督促各地抓好贯彻落实。二是出台《建筑工程五方责任主体项目负责人质量终身责任追究暂行办法》、《建筑施工项目经理质量安全责任十项规定(试行)》等相关配套文件，提高责任意识，强化责任追究。三是印发《关于严格落实建筑工程质量终身责任承诺制的通知》、《关于深入开展工程质量治理两年行动工程质量监督人员培训工作的通知》，严格落实质量终身责任承诺制，充分发挥工程质量监督队伍作用。四是强化舆论宣传，加大曝光力度。召开新闻发布会，利用电视、网络、报纸等媒体对两年行动进行宣传报道。对30家工程质量管理成绩突出的优秀企业予以通报表扬，对2013年以来房屋市政工程质量及转包违法行为6起典型案例和第二批全国工程质量安全监督执法检查下发执法建议书的30个工程项目及项目负责人通报曝光，协调中央电视台《新闻联播》和《焦点访谈》栏目对两年行动进行报道。启动工程质量治理万里行活动。

加强重点领域监管，促进工程质量稳步提升。一是住房和城乡建设部组织开展全国建设工程质量安全监督执法检查。分两批检查了全国30个省、自治区、直辖市(西藏除外)的360个在建工程(其中保障性安居工程222个)，提出书面反馈意见5782条，对54个违反工程建设强制性标准和存在质量安全隐患的工程项目下发了执法建议书。二是开展老楼危楼安全排查。对部分省市排查工作进行了督查，并向国务院领导报告排查情况。三是全面实施推进住宅工程质量常见问题专项治理工作。印发2014年专项治理重点，指导地方制定和落实专项治理措施，启动专项治理示范工程创建活动，推行样板间制度，开展施工质量标准化管理试点工作，组织召开专项治理现场观摩会。四是认真调查处理工程质量事故、质量问题和投诉。对工程质量事故、质量问题，均及时进行调查处理或批转省级住房和城乡建设主管部门调查处理。对工程质量投诉，均及时批转省级住房和城乡建设主管部门调查处理，并限期上报处理结果。五是组织开展培训。举办西藏自治区工程质量检测专项培训，委托中国建筑业协会举办工程质量标准规范宣贯及质量常见问题防治专题培训班。六是积极发挥全国质量工作部际联席会议成员单位作用，会签国家质检总局《2013年质量发展纲要工作总结》和《2014年质量发展纲要工作计划》，参与对宁夏、青海、新疆等地2013～2014年度省级政府质量工作考核，参与全国建材市场秩序专项整治和全国“质量月”等活动。

推进建筑施工安全监管机制创新，建筑安全形势总体稳定。一是加强工作部署。住房和城乡建设部组织召开全国建筑施工安全生产电视电话会议，要求各地强化监管措施，遏制年底事故多发态势。组织召开部分地区建筑施工安全生产工作汇报会，要求形势严峻地区标本兼治，推动建筑安全生产工作。组织召开部分地区建筑施工安全监管工作座谈会，部署建筑施工安全监管改革创新工作。组织召开部分地区建筑施工安全生产专项整治工作会议，交流各地开展建筑起重机械、模板支架安全专项整治的做法，研究完善专项整治具体措施。部署开展以“强化红线意识，促进安全发展”为主题的安全生产宣传教育活动。二是强化事故通报督办。印发 2013 年房屋市政工程生产安全事故查处情况通报，督促各地加大事故查处力度。按月度、季度通报房屋市政工程生产安全事故情况，督促事故多发地区强化安全监管。对 2014 年以来发生的 29 起较大及以上事故进行通报，曝光相关企业及法定代表人、项目经理、项目总监，并下发事故查处督办通知书。通报批评河南光山“12.19”、北京“12.29”等 5 起影响恶劣的坍塌事故。三是开展监督检查。不发通知、不打招呼，采取随机检查、“扫马路”等方式，真实了解施工现场安全生产状况，消除各类安全隐患。突出检查重点，以安全事故多发的城市、企业、项目为重点，实行差别化监管，集中力量开展以起重机械、模板支架为重点的专项整治，有效遏制群死群伤事故发生。四是推进长效机制。积极推进建筑施工安全监管信息化工作，编制《建筑施工安全监管信息化工程项目建议书》和需求分析报告，完成立项工作。参加建筑工人工伤维权情况调研，并配合人力资源社会保障部制定印发《关于进一步做好建筑业工伤保险工作的意见》，并召开贯彻落实的视频会议。

加强风险防控和专项治理，提高城市轨道交通工程质量安全水平。一是加强制度建设。住房和城乡建设部印发《城市轨道交通建设工程质量安全事故应急预案管理办法》，规范应急预案管理，增强预案的针对性、实用性和可操作性。印发《城市轨道交通建设工程验收管理暂行办法》，规范城市轨道交通建设工程验收工作。进一步明确建设单位等参建企业和政府主管部门在应急管理和工程验收环节的责任。组织开展全国轨道交通工程风险控制体系调研和工程常见质量问题专项研究，指导地方研究建立全过程风险控制体系，不断提升质量安全保障能力。二是强化监督检查。组织专家对石家庄、兰州、贵阳、厦门等部分新开始建设轨道交通工程的城市开展质量安全检查和技术指导，督促地方排查治理安全质量隐患，学习借鉴先进经验。三是妥善应对事故。针对南宁地铁“10.7”、南京地铁“12.3”、“12.17”较大事故，下发事故督办通知书和事故通报，组织专家开展专项督查或事故调查，指导地方举一反三，全线排查质量安全隐患，避免发生类似事故，四是加强学习交流。组织召开城市轨道交通工程质量安全联络员会议和专家委员会会议，交流各地好的经验和做法，分析面临的形势和问题，研究提出对策，共同提高。根据形势发展需要，及时充实专家队伍，提高对地方工作的技术指导力度。

强化勘察设计质量管理，增强技术引导创新能力。一是加强施工图审查工作。继续宣贯《房屋建筑和市政基础设施工程施工图设计文件审查管理办法》，印发《2013年度全国施工图设计文件审查情况报告》，起草报国务院领导的施工图审查制度情况汇报。二是开展勘察设计质量专项治理。印发2014年度专项治理重点工作，指导地方开展专项治理。在全国工程质量安全监督执法检查中对建筑工程勘察设计质量进行专项检查。起草完成《关于进一步加强建筑工程勘察设计质量管理的意见(报批稿)》。制定勘察现场司钻员、描述员培训教材，指导各地开展勘察现场工作人员上岗培训。三是开展标准设计工作。印发第六届全国工程建设标准设计专家委员会委员名单、章程，召开专家委员会会议。印发2014年国家建筑标准设计编制工作计划，批准发布46项国家建筑标准设计。四是推动建筑产业现代化。提出建筑产业现代化发展目标，研究起草关于推进建筑产业现代化工作时间表和路线图。开展建筑产业现代化发展纲要、建筑产业现代化结构技术体系等课题研究。组织起草《建筑产业现代化发展纲要》。印发建筑产业现代化国家建筑标准设计编制工作计划，组织开展2批共17项标准设计编制工作。五是提高建筑设计水平。完成关于提升建筑设计水平的政策措施研究、建筑方案设计与城市设计研究2项课题。组织召开提升建筑文化水平专家座谈会，研究落实中央领导关于建筑文化乱象的批示。开展提升建筑设计水平激励

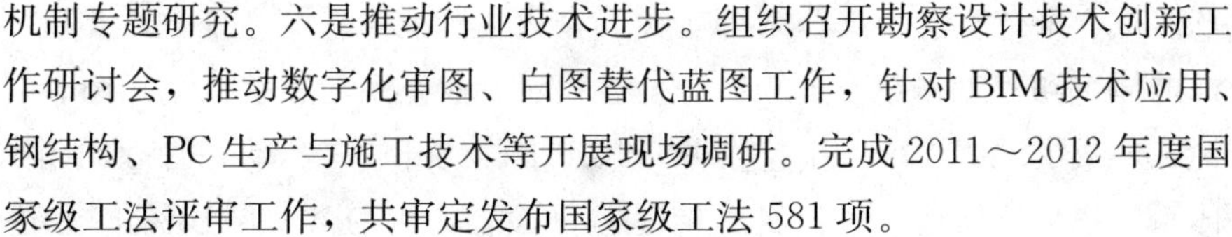

机制专题研究。六是推动行业技术进步。组织召开勘察设计技术创新工作研讨会，推动数字化审图、白图替代蓝图工作，针对 BIM 技术应用、钢结构、PC 生产与施工技术等开展现场调研。完成 2011～2012 年度国家级工法评审工作，共审定发布国家级工法 581 项。

（三）工程建设标准定额

统筹全局，做好标准定额改革顶层设计。一是适应依法治国和市场经济发展需要，研究推进工程建设标准体制改革。着力解决标准规范建设滞后于现实需要等问题，合理定位强制性标准与推荐性标准的项目布局、制定范围、法律效力，组织相关单位研究提出各行业、各领域、各地区工程建设全文强制标准体系，逐步建立国家工程建设全文强制标准体系，形成中国特色技术法规体系。二是贯彻落实党的十八届三中全会精神，完善市场决定工程造价机制，印发《住房城乡建设部关于进一步推进工程造价管理改革的指导意见》，明确了改革目标、重点任务和措施。三是发挥标准约束和引导作用，推动标准全面有效实施，印发《住房城乡建设部关于进一步加强工程建设标准实施监督工作的指导意见》。通过进一步加强工程建设标准实施监督工作，充分发挥标准在落实国家方针政策、保证工程质量安全、维护人民群众利益等方面的引导约束作用。四是简化行政审批事项。按照《国务院关于取消和下放一批行政审批项目的决定》要求，已取消“采用不符合工程建设强制性标准的新技术、新工艺、新材料核准”行政许可。通过加快标准制定、规范标准备案、开展新技术应用评估等措施，为新技术、新工艺、新材料等工程应用提供事中、事后监管。优化工程造价咨询企业资质管理。将甲级工程造价咨询企业资质认定中的延续、变更、注销等事项交由省级住房城乡建设主管部门负责，并研究电子化审批，方便企业申报；降低资质标准，简化审批材料，增加每年审批频次，缩短专家评审时间。

注重落实，扎实推动标准定额改革。一是贯彻中央城镇化工作会议精神，落实国家新型城镇化规划，印发《住房城乡建设部关于落实国家新型城镇化规划完善工程建设标准体系的意见》。二是构建国家工程建设标准体系框架，优化标准制定顶层设计。紧紧围绕经济社会发展和市

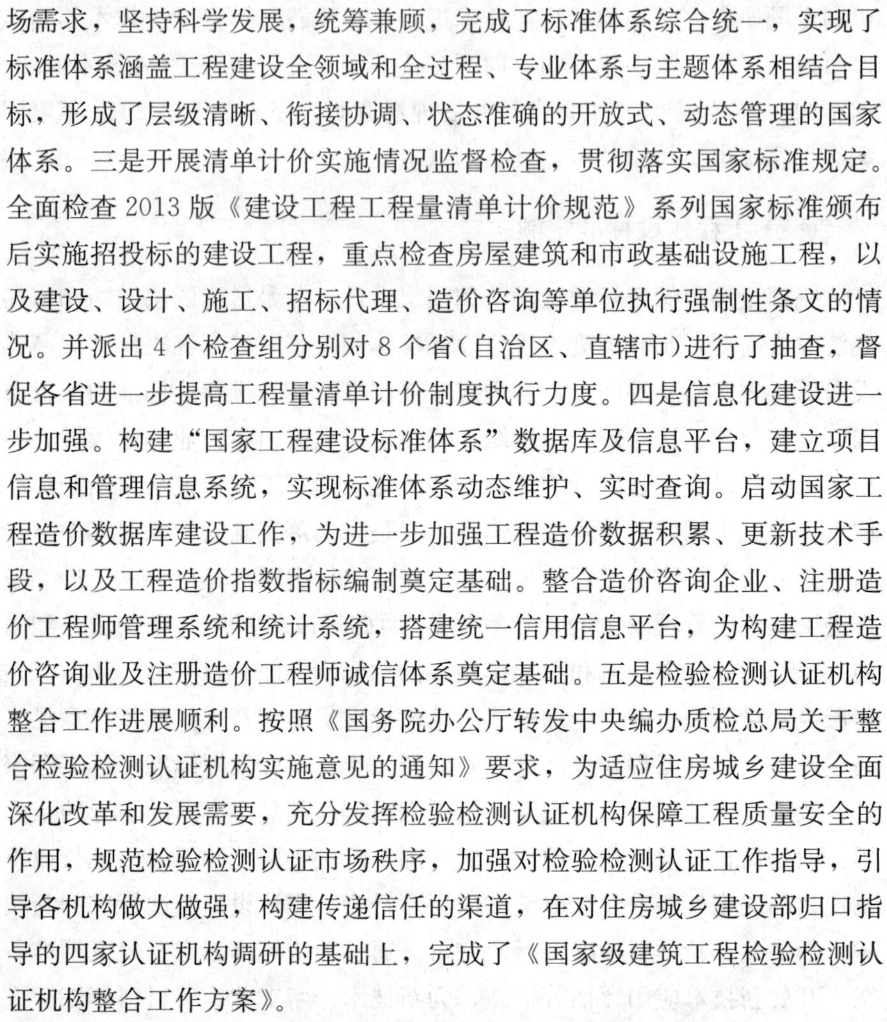

场需求，坚持科学发展，统筹兼顾，完成了标准体系综合统一，实现了标准体系涵盖工程建设全领域和全过程、专业体系与主题体系相结合目标，形成了层级清晰、衔接协调、状态准确的开放式、动态管理的国家体系。三是开展清单计价实施情况监督检查，贯彻落实国家标准规定。全面检查2013版《建设工程工程量清单计价规范》系列国家标准颁布后实施招投标的建设工程，重点检查房屋建筑和市政基础设施工程，以及建设、设计、施工、招标代理、造价咨询等单位执行强制性条文的情况。并派出4个检查组分别对8个省(自治区、直辖市)进行了抽查，督促各省进一步提高工程量清单计价制度执行力度。四是信息化建设进一步加强。构建“国家工程建设标准体系”数据库及信息平台，建立项目信息和管理信息系统，实现标准体系动态维护、实时查询。启动国家工程造价数据库建设工作，为进一步加强工程造价数据积累、更新技术手段，以及工程造价指数指标编制奠定基础。整合造价咨询企业、注册造价工程师管理系统和统计系统，搭建统一信用信息平台，为构建工程造价咨询业及注册造价工程师诚信体系奠定基础。五是检验检测认证机构整合工作进展顺利。按照《国务院办公厅转发中央编办质检总局关于整合检验检测认证机构实施意见的通知》要求，为适应住房城乡建设全面深化改革和发展需要，充分发挥检验检测认证机构保障工程质量安全的作用，规范检验检测认证市场秩序，加强对检验检测认证工作指导，引导各机构做大做强，构建传递信任的渠道，在对住房城乡建设部归口指导的四家认证机构调研的基础上，完成了《国家级建筑工程检验检测认证机构整合工作方案》。

依法行政，完善标准定额管理规章制度。一是建立了标准报批审核进度月度统计制度、协调会议制度，完善标准报批审核工作流程，明确审核人员的项目责任分工，加快报批进度，提高工作效率和质量。二是修订《工程造价咨询企业管理办法》，进一步深化造价咨询行业改革，解决行业中存在的突出问题。会同财政部修订《建设工程价款结算暂行办法》，明确各类型工程结算规则，细化结算程序，进一步规范建设工程价款结算行为。制定《建设工程定额管理办法》，进一步理顺全国统一定额与行业定额及地方定额的层次、应用范围，规范各类定额表现形式及编修程序，建立定额修订补充管理制度。制定《工程造价信息化管理办法》，进一步加强工程造价信息化工作，明确信息化工作内容和部、省、地市三级信息化管理的职责，健全和完善信息标准，保证信息质量，更好地服务市场。三是制定了《工程建设标准解释管理办法》，规范工程建设标准解释工作，科学准确、公正规范解释标准规定的依据、含义以及适用条件等。印发《关于进一步规范工程建设地方标准备案工作的通知》，规范地方标准备案工作，提高备案质量和效率。制定《工程建设标准宣贯培训管理办法》，明确工程建设标准培训责任主体，规范培训行为，保证培训质量，发挥规范有序的主渠道作用。

标准定额工作加快发展。一是重要标准加快编制。技术标准编制进度加快，2014 年，批准发布标准规范 306 项，其中工程建设国家标准 161 项，行业标准 65 项，城建建工产品标准 80 项；工程项目建设标准 4 项。完成地方标准备案 405 项，行业标准备案 244 项，另外，完成了国标委下达的 27 项产品国标编制任务。标准规范制定围绕国家经济社会发展重点，积极贯彻落实国家重点任务分工。在提高节能减排水平、防治内涝能力、促进可再生能源应用和新能源汽车推广、落实绿色建筑行动等方面，开展标准的制定修订，发布了多项技术标准。工程造价定额标准修编也全面开展。在工程计价依据方面，为适应新时期工程建设的需要，开展了全国统一定额共 5 套 25 册修编。在工程造价信息化服务方面，为奠定各类工程造价软件的开发应用中数据互联互通的技术基础，开展了《工程造价数据交换标准》的编制。在工程造价咨询业监管方面，为引导合同双方公平合理签订合同，引导合同双方明确各自权利义务，减少纠纷，开展了《建设工程造价咨询合同(示范文本)》修订；同时制定《建设工程造价咨询规范》、《建设工程造价鉴定规范》、《建设项目工程结算编审规范》。二是地方标准全面复审。为了解地方标准现状，促进地方标准持续健康发展，提高地方标准的时效性，对 2009 年以前发布的地方标准进行全面复审，共复审地方标准 1260 项。三是标准中译英持续开展。按照成体系、成规模、系列配套的工作原则，以我国参与国际市场的重点领域和重大项目为目标，组织开展工程建设标准英文版整体翻译，推进中国标准服务国际工程。在抓紧城建、建工、电

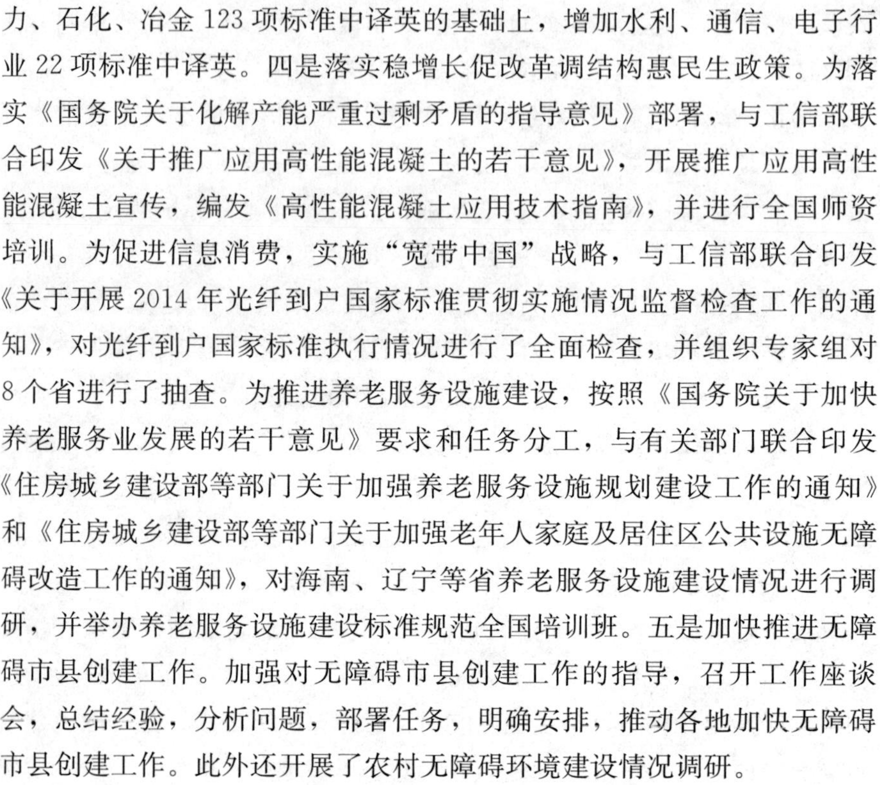

力、石化、冶金123项标准中译英的基础上，增加水利、通信、电子行业22项标准中译英。四是落实稳增长促改革调结构惠民生政策。为落实《国务院关于化解产能严重过剩矛盾的指导意见》部署，与工信部联合印发《关于推广应用高性能混凝土的若干意见》，开展推广应用高性能混凝土宣传，编发《高性能混凝土应用技术指南》，并进行全国师资培训。为促进信息消费，实施“宽带中国”战略，与工信部联合印发《关于开展2014年光纤到户国家标准贯彻实施情况监督检查工作的通知》，对光纤到户国家标准执行情况进行了全面检查，并组织专家组对8个省进行了抽查。为推进养老服务设施建设，按照《国务院关于加快养老服务业发展的若干意见》要求和任务分工，与有关部门联合印发《住房城乡建设部等部门关于加强养老服务设施规划建设工作的通知》和《住房城乡建设部等部门关于加强老年人家庭及居住区公共设施无障碍改造工作的通知》，对海南、辽宁等省养老服务设施建设情况进行调研，并举办养老服务设施建设标准规范全国培训班。五是加快推进无障碍市县创建工作。加强对无障碍市县创建工作的指导，召开工作座谈会，总结经验，分析问题，部署任务，明确安排，推动各地加快无障碍市县创建工作。此外还开展了农村无障碍环境建设情况调研。

(四) 地方政府举措

出台政策推动建筑业加快发展。坚持政府引导、完善扶持政策是建筑业发展的强劲动力。2014年，一些地方政府继续出台具有指导性、针对性的政策措施促进建筑业加快改革发展，充分发挥建筑业在经济发展中的重要作用，营造政府重视、关心、支持建筑业发展的良好氛围。四川省政府出台《四川省人民政府关于促进建筑业转型升级加快发展的意见》(川府发［2014］30号)，贵州省政府出台《贵州省人民政府关于加快建筑业发展的意见》(黔府发［2014］15号)，陕西省政府出台《陕西省人民政府关于推进建筑业转型升级加快改革发展的指导意见》(陕政发［2014］31号)，吉林省政府出台《吉林省人民政府关于加快发展建筑支柱产业的意见》(吉政发［2014］42号)。各地出台的政策措施为加快建筑业改革发展提供了有力支持。

《吉林省人民政府关于加快发展建筑支柱产业的意见》（摘要）

促进行业转型升级。支持两个以上低资质建筑业企业联合组建资质等级更高、规模更大、竞争力更强的企业集团，可保留原有建筑业企业资质，共享业绩和人力资源。推动建筑业企业向上下游延伸产业链，具备条件的给予工程总承包、项目管理、房地产开发等市场准入资格。大力发展城市轨道交通、隧道、机场、环保等高端专业承包企业，提高专业领域竞争能力。支持企业建立国家和省级技术中心，发展绿色施工技术，企业可从工程结算中提取1%～2%，作为成本纳入企业技术进步发展专项资金。对因技术创新节约投资或提高效益的，建设单位应按合同约定比例给予奖励。充分发挥建筑业的拉动作用，带动建筑装备制造业等相关产业发展。加快推进住宅产业化，对装配率达到一定比例的住宅产业化试点项目，省级财政安排资金予以支持。对产业化企业自行生产部品构件、装配施工的项目，只缴纳营业税，部品构件不另行征税。

强化施工现场标准化管理。将施工现场标准化管理达标考核结果，作为资质管理、信用评定及评先选优的重要条件。对获评省级标准化管理示范工地的，安全文明施工费按照合同约定，可在取费基础上增加5%～8%。对获评市级标准化管理示范工地的，安全文明施工费按照合同约定，可在取费基础上增加3%～5%。对一年内同一工地两次考核不合格或有两个以上整改后仍不合格工地的建筑业企业，将建筑业企业及项目经理记入不良行为记录，重新审查建筑业企业工程质量和安全生产条件，审查期间企业不得再承揽新的工程，禁止上述建筑业企业和人员参加年度评优评奖。

实行优质优先、优质优价政策。在我省注册的建筑业企业，获得国家、省级优质工程、省级标准化管理示范工地的，对获奖工程的项目经理，在招投标中予以加分。获得国家、省级优质工程的，发包方应按合同约定给予承包方一定比例的奖励。优质优价奖励计入招标控制价和工程造价。具体政策由省住房城乡建设部门制定。

实施优惠的税收政策。建筑业企业按规定将建筑工程分包给其他单位的，以其取得的全部价款和价外费用扣除其支付给其他单位的分包款后的余额计算缴纳营业税。对新办民营建筑业企业，报经主管税务机构批准，两年内免征房产税和土地使用税。建筑业企业从事技术转让、技术开发和与之相关的技术咨询、技术服务取得的收入免征营业税。对企业的技术转让所得，在一个纳税年度内不超过500万元的部分，免征企业所得税；超过500万元部分，减半征收企业所得税。对认定为高新技术企业的建筑业企业，减按15%的税率征收企业所得税。跨地区经营建筑业企业应按照总机构企业所得税归属的征收管理机关，向项目所在地相应的主管地税机关或者国税机关预缴企业所得税。各级税务部门要简化流程，加强对建筑业企业"营改增"改革的指导和服务。

加快建筑业人才培养。多渠道、多层次培育和引进人才，打造以高级管理人才、专业技术人才、大批技术工人为主体的人才队伍。鼓励企业经济技术管理人员参加执业资格考试，对取得执业资格人员，在职称评聘过程中给予优先考虑。加强建设行业职业教育，支持省内建设类职业院校发展，打造高水平职业教育基地，优化劳务基地布局，相关资金要向建筑劳务人员培训倾斜，鼓励大型企业建立农民工夜校，推进以工代训的培训方式，形成全省统一开放、合理流动的建筑劳务市场。加强对建筑业从业农民工的公共服务和权益保障工作，推动农村富余劳动力向建筑业有序转移。

优化建筑业发展环境。建立统一开放、竞争有序的建筑市场，破除地方保护、部门分割和行业垄断，着力清除市场壁垒，提高资源配置效率和公平性。实行层级竞争，特级资质施工总承包企业，应当承担施工单项合同额3000万元以上的房屋建筑工程；一级资质施工总承包企业，应当承担施工单项合同额1000万元以上的房屋建筑和市政公用工程，为中小企业留出发展空间，促进大、中、小企业均衡发展。完善建筑市场准入清出机制，健全信用奖惩机制，将信用信息作为招投标、资质管理、工程担保、评先选优的重要依据，营造公平的市场发展环境。

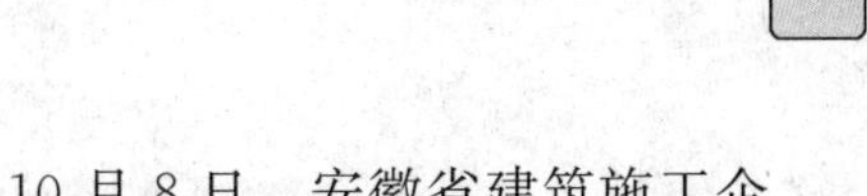

企业资质审批实现电子化。2014 年 10 月 8 日，安徽省建筑施工企业资质审批全部实现电子化，这是该省推进建筑业企业资质行政审批改革的重大突破。

安徽省作为住房和城乡建设部确定的全国建筑市场监管综合试点和建筑工程质量安全管理试点省份，近年来大力推进建设工程行政审批改革，不断完善建筑市场监管方式，尤其是在建筑业诚信体系建设方面，取得明显成效。省住房城乡建设厅按照“一个(大数据)库，一张(互联互通)网，一条(贯穿建设过程)线”的总体思路，建立了安徽省工程建设监管和信用管理平台，实现了建筑企业、人员、项目和信用信息的资源共享，为建筑企业资质的电子化审批打下了坚实基础。

此次安徽省建筑企业资质审批改革，首先是审批权限下移至各市(含省直管县)办理。建筑施工企业三级资质由各市建设主管部门审查、审批、发证；二级资质许可由各市建设主管部门审查，经省级建设行政主管部门复核通过后，委托各市建设主管部门审批、发证；一级资质许可的申报也委托各市建设主管部门初审，省级建设行政主管部门出具申报函上报住房城乡建设部。其次是实行网上并联审批，并联审批部门审查申报企业是否有违法违规及质量安全事故，实行超时默认制。申请建筑施工企业三级、二级资质，由申报企业向工商注册所在地市住房城乡建设主管部门申请办理。申报企业进入安徽省工程建设监管和信用管理平台(www.ahgcjs.com.cn)企业入口，在系统中按资质标准要求录入相关信息并上传相关扫描件，提交申请，不再报送纸质资质材料。

2013 年以来，安徽省住房和城乡建设厅相继出台了关于建筑业信用体系建设的一系列文件，包括《安徽省建筑工程项目信息编码标准》、《安徽省建筑施工企业投标不良行为认定标准和扣分标准》等，有力地促进了工程建设监管和信用体系建设。特别是安徽省工程建设监管与信用管理平台的建成，大大提高了市场监管的科学性和快捷性。

目前，安徽省工程建设监管与信用管理平台整合了企业库、人员库、项目库、信用库等“四库”的信息，实现了企业、人员、项目、信用等建筑市场主要信息的资源共享。每年，通过工程施工合同、施工许可证、竣工验收备案表等网上程序的办理，自动生成相关信息并录入数据库，不断更新完善数据库的信息。企业在哪里做过什么工程，工程有哪些人参与，人员是什么背景，在数据库中都能查到，既杜绝了造假，审批效率也大大增加。省住房城乡建设厅将通过网上核查、实地核查等方式对建筑施工企业资质电子化审批情况进行实时监管、动态核查。

实行资质的电子化审批，既减轻了企业负担，又体现了公平公正、公开透明，实现了资质审批的高效、快捷。(马丽)

加大质量安全监管力度。2014 年，各地住房和城乡建设主管部门继续加大建设工程质量安全监管力度，消除质量安全隐患，遏制事故发生。

河北省住房和城乡建设厅印发《关于实行建筑工程竣工验收专家评价制度的通知》，在全省实行建筑工程竣工验收专家评价制度，未实施专家评价的工程项目，一律不得通过竣工验收。专家对建筑评价的主要内容包括：工程建设强制性条文执行情况，实体质量情况，工程技术资料情况。验评专家对发现的问题应提出整改建议。建设单位负责落实专家提出的评价验收意见和问题整改建议，并督促相关单位认真整改。各级工程质量监督机构将把评价验收意见作为监督工程竣工验收的重要依据。

贵州省住房和城乡建设厅建立了建筑施工安全生产大检查工作制度，科学制定检查方案，细化检查内容，有针对性地开展检查，切实提高检查的实效性，采取“四不两直”(即不发通知、不打招呼、不听汇报、不陪同接待，直奔基层、直插现场)的检查方式，定期对各地各单位建筑施工安全生产进行督促检查，确保查到真实情况，发现真实问题，发现真实隐患，起到预防事故的实际作用。同时，将安全检查与严格执法结合，对检查发现的非法违法行为始终保持高压严打态势，严格依法处理。该制度还明确，建筑施工安全生产大检查将根据安全生产重点时段、重点地区、重点内容等特点和规律，有针对性地制订年度计划，检查次数和覆盖率不得少于规定要求。

陕西省住房和城乡建设厅强力推进建筑施工安全生产“三化”（安全监管网格化、企业管理精细化、行业管理专业化）建设。推进部门监管网格化，建立属地分类分级监管台账，把监管责任落实到人，形成全覆盖的安全生产监管体系；推进企业管理精细化，即以落实建筑施工企业主体责任为核心，实施安全标准化管理，严格安全评估，强化过程控制，建立“精、细、严、实”的企业安全生产管理机制；推进行业管理专业化，充分发挥质量安全监督机构的专业优势，着力加强行业监管力量、救援力量和科技保障能力建设，全面提升建筑施工行业安全监管水平。

着力推进建筑市场信用建设。各地住房和城乡建设主管部门以工程建设监管和信用管理平台建设为抓手，着力推进建筑市场信用建设，创新建筑市场监管方式。

2014 年 12 月 8 日，四川省建筑市场监管与诚信信息一体化工作平台实现与住房城乡建设部全国建筑市场监管与诚信信息系统中央数据库的实时对接，成为全国首个完成省级建筑市场监管与诚信信息一体化工作平台建设的省。

四川省建筑市场监管与诚信信息一体化工作平台由“资质资格管理、工程项目管理、信用体系评价、综合信息查询、行政执法管理五大平台，数据共享交换、标准、信息安全三大体系，全省统一的从业企业、从业人员、工程项目、信用评价和公共资源五大基础数据库”构成，集全省建筑市场信息采集发布、网上办事办公、行政审批、市场监管、从业主体诚信评价于一体，满足了“省、市、县三级联动，系统共生，数据同源”的一体化工作平台要求。该平台解决了数据多头采集、重复录入、真实性无法核实、项目数据缺失、诚信信息难以采集、市场监管与行政审批脱离、“市场与现场”两场无法联动等问题，保证了数据的全面性、真实性、关联性和动态性，基本实现了“数据一个库，监管一张网，管理一条线”的信息化监管目标。

四川省建筑市场监管与诚信信息一体化工作平台具备以下特点：一是覆盖面广。全面覆盖全省21个市(州)和181个县(市、区)主管部门，既避免了地方各自为政、重复建设等现象发生，又解决了基层信息技术人才缺乏、系统运行维护难度大等问题；全面覆盖工程项目监管全流程，实现了工程项目建设从程序监管向过程监管、现场监管的转变。二是功能齐全。该平台集全省住房城乡建设业务网上申报、网上审批、项目管理、市场监管、信用评价、咨询服务、信息发布等应用于一体，实时采集基础信息、动态信息、关联信息，实现了省、市、县在工程建设、从业企业、从业人员等管理的纵向到底、横向到边的信息联动；实现了全省工程项目、从业企业、从业人员及信用信息的实时纵向汇聚与传递、横向交换与共享。三是应用广泛。省、市、县三级住房城乡建设主管部门以及全省从业企业、从业人员，运用该平台开展建筑市场监管，及时记录各方主体的市场行为；办理工程项目监管各环节业务，提高了行政效能和服务水平；开展行政审批，企业通过该平台进行申报，各级主管部门通过平台，按照各自审批权限分别实施审批、联动审批，实现数据共享，缩短了审批周期，提高了审批效率。

按照“数据一个库、监管一张网、管理一条线”工作思路，安徽省着力加强工程建设信息平台建设，已建成企业库、人员库、项目库、信用库“四库”，省内外1.2万家建设工程企业、38万余名注册及中高级职称人员、4000多个项目和7000余条信用信息已进入工程建设监管和信用管理平台，实现了建设工程企业、注册及中高级人员和工程项目的全覆盖；省、市、县住建部门、质量安全、招投标等建筑市场监管部门及建设工程企业均可应用平台的信息和数据，实现了全应用。安徽省工程建设信息平台不受层级限制，省、市、县建筑市场主管部门、工程建设企业同在一个平台上操作，上可连住建部、下可通市县；不仅住建部门、招投标、重点局、房产局等建设系统可以利用平台信息，同时也为发改、交通、水利、质检乃至政法等部门业务上的连接创造了条件，实现不同地区、不同部门之间建设工程企业基本信息、项目和信用等数据互联互通。全省建立了一套联网互通的工程建设信息平台，根据业务工作需要，改造或新建各管理子系统，强化行业监管服务职能；建设工程企业只需“一把锁”，即可实现企业基本信息、业绩数据等所有资料自动上传和资质资格审批等工作；完善的企业库、人员库、项目库、诚信库等“四库”，为全省住建系统、各级主管部门履行行业管理职能和企业事业单位及个人提供在线服务平台。

安徽省综合运用工程建设信息平台，强化建设工程项目管理，落实从业人员责任，深化资质审批制度改革，创新建筑市场监管方式。通过施工许可发放阶段整合信息，实现项目、企业、人员等信息的“三位一体”捆绑；通过对施工现场的相关监管数据记录，完成企业和项目信用评分，实现项目、企业、人员、信用“四位一体”联动，强化从业人员责任。与此同时，建立工程建设企业信用综合评价体系，使信用信息更为及时和公正，促进企业评价由定性向定量转变。以信用管理为导向深化审批制度改革，安徽省工程建设信息平台及时、真实、全面地反映企业工程项目建设、人员及信用情况，为资质审批、动态核查提供所需数据，信息化技术的应用，解决了资质审批、人员核查难查清、业绩难识别的困惑，实现资质电子化审批，减少了人为因素干扰，实现了公开透明。同时，综合全省项目个数及注册人员等状况，科学设置资质标准参数，强化对建设工程企业资质资格动态核查，保障建设工程企业资质资格动态核查科学性，打击业绩造假和不诚信行为。（安建）

切实解决农民工欠薪问题。为切实解决建筑业农民工工资拖欠问题，一些地方创新工作举措，完善政策机制，有效保护农民工合法权益。

《河北省房屋建筑和市政基础设施工程建设领域农民工工资预储金管理办法》规定，房屋建筑和市政基础设施工程项目开工前，建设单位或施工总承包企业在银行开设预储金账户，由建设单位在该账户缴存专项用于施工总承包企业支付农民工工资的资金。未缴存或未按规定额度缴存“预储金”的项目，视同建设资金不到位，不予颁发施工许可证，不得开工建设。施工总承包企业在进场施工前，要与建设单位、预储金开户银行三方签订工资委托发放协议，开设农民工工资个人账户。各地可以根据项目工期安排和特点，要求建设单位在申领施工许可证前将预储金一次性全部划转到预储金账户，金额要达到建设工程施工合同总价的20%；也可以要求其先按不少于合同总价的4%划转，此后按工程施工阶段在施工前分批划转。银行根据施工总承包企业提供的用工花名册，为农民工开设工资个人账户并办理银行卡或活期存折后，由施工总承包企业将银行卡和活期存折交农民工本人自行保管和使用。农民工工资必须按月足额通过银行发放，不得以其他方式发放。工资表经现场公示且经农民工本人签字后，由施工总承包企业每月定期提交监理单位和建设单位确认。银行根据加盖施工总承包企业公章(不得以分公司、项目部等其他印章替代)的工资表和监理单位、建设单位的签认文件，直接从预储金账户向农民工个人账户如数划转工资。

贵州省出台《建设工程务工人员工资支付保障金实施办法》，进一步规范建设工程项目施工单位支付务工人员工资行为，保障务工人员的合法权益。《办法》规定，行业主管部门对施工单位未按法律法规存储工资保障金而办理竣工验收等相关手续的，由行业主管部门负责务工人员工资清欠工作；施工单位未按《办法》规定存储或者补足工资保障金的，由人力资源和社会保障部门责令限期存储，逾期不存储的，按应存数额5%以上10%以下的标准处以罚款。《办法》明确提出，建筑、交通运输、水利、电力、通信、市政、矿山等建设工程项目施工单位均需缴纳务工人员工资支付保障金，最低标准为工程造价的2%。属于政府投资建设的建设工程项目，发包单位应当代扣代存工资保障金。施工单位出现较严重的拖欠、克扣务工人员工资等行为，将被列入“黑名单”，一年内需按工程造价的3%至5%存储工资保障金；连续3年在全省范围内无失信记录的施工单位，人力资源和社会保障部门审核公示无异议后，不需存储工资保障金。

鼓励企业争创优质工程。为鼓励建筑企业不断提高工程质量，一些地方推行建设工程“优质优先”、“优质优价”奖励政策。

湖北省住房和城乡建设厅与省公共资源交易监督管理局、省实施质量兴省战略工作领导小组办公室联合颁布《湖北省建设工程质量创优奖励实施办法》，对获得“鲁班奖”、“国优奖”及省级优质工程奖的承建单位和监理单位，在参与同类别工程投标时分别给予相应的加分。工程质量达到合同约定的创优质量目标，发包单位应在6个月之内支付相应的创优奖金。除了在投标中加分和获得创优奖金外，承建单位及项目经理、监理单位获得优质工程奖项的，在该省的各类评先评优时，予以优先考虑。两年内未获得市(州)级及以上优质工程的建筑业企业，不得列入全省建筑业重点培育企业名录。

吉林省住房和城乡建设厅也明确，在该省行政区域内进行的房屋建筑和市政基础设施工程的勘察、设计、施工、监理等的招标评标活动以及合同签订工作，实行“优质优先、优质优价”，即在房屋建筑和市政基础设施工程招标投标活动中，对获得优质工程奖项的投标人在投标评标中给予激励措施，中标企业完成的工程项目获得工程质量优质奖时，依据合同明确的“优质优价”原则给予奖励，以提高企业创优积极性，弥补企业创优成本。获国家“鲁班奖”的，发包方可按不低于税前工程造价的5%给予承包方奖励；获“全国建筑工程装饰奖”的，发包方可按不低于税前工程造价的2%给予承包方奖励；获吉林省“长白山杯”的，发包方可按不低于税前工程造价的2.5%给予承包方奖励；获“吉林省建筑工程装饰奖”的，发包方可按不低于税前工程造价的1%给予承包方奖励。

福建省住房和城乡建设厅出台的《关于进一步落实福建省房屋建筑和市政基础设施工程“优质优价”政策的通知》规定，优质工程可获得增加费奖励。优质工程包括国家级优质工程、省级优质工程和市级优质工程三类。创建优质工程范围包括政府投资单体建筑面积2万m^2以上大型公共建筑、单项工程造价2亿元以上的市政基础设施项目以及地方政府认为应当创建优质工程的其他项目。优质工程可获得的增加费以分部分项工程费和措施项目费为基数乘以相应费率计算，国家级优质工程为5%，省级优质工程为3%，市级优质工程为1%。

加强建筑业领域交流与合作。为促进冀陕两省建筑业合作，加快建筑业发展，河北省住房和城乡建设厅与陕西省住房和城乡建设厅签署建筑业合作框架协议，构建协调沟通机制，促进两省建筑领域全面合作。两省将进一步加强建筑业领域的交流与合作，积极支持对方省建筑业企业到本省辖区内从事与其资质相符的相关业务。对进入双方辖区已办理入省备案手续的建筑业企业，当地主管部门给予与本省辖区企业一样的待遇。积极鼓励、支持两省建筑业企业或个人通过参股、控股、兼并、收购、联营等方式参与对方省建筑业结构调整。对进入双方辖区的建筑业企业人员注册资格证书、职业岗位证书及培训合格证书予以互认。

加快建筑业信息化建设步伐。信息化建设是推动建筑业转变发展方式的重要基础，是建筑业转型升级的重要内容，是企业提高竞争力的有效手段。上海市人民政府办公厅转发该市建设管理委员会《关于在本市推进建筑信息模型技术应用的指导意见》，为推广应用 BIM 技术明确方向。《指导意见》明确，要按照整体规划与分步推进相结合、政府引导与市场主导相结合、重点推进与面上指导相结合、自主创新与引进集成创新相结合的原则，分阶段、分步骤推进 BIM 技术试点和推广应用。2015 年起，选择一定规模的政府投资工程和部分社会投资项目进行 BIM 技术应用试点，形成一批示范工程。2017 年起，投资额 1 亿元以上或单体建筑面积 2 万 m^2 以上的政府投资工程、大型公共建筑、市重大工程和申报绿色建筑、市级和国家级优秀勘察设计、施工等奖项的工程，实现设计、施工阶段 BIM 技术应用；世博园区、虹桥商务区、国际旅游度假区、临港地区、前滩地区、黄浦江两岸等六大重点功能区域内的此类工程，全面应用 BIM 技术。

提高建筑业农民工技能水平。加强建筑业技能人才培养，事关工程质量、安全生产和行业发展，为提高建筑业农民工队伍的技能水平和整体素质，促进农民工在建筑业长期稳定就业，山东省住房和城乡建设厅出台《山东省建筑业农民工再温暖工程职业技能提升 3 年行动实施方案》，旨在大力推进建筑业农民工培训工作标准化、制度化和信息化建设，努力把建筑业农民工再温暖工程项目做成政府满意、行业认可、农民工受益的工程。

《山东省建筑业农民工再温暖工程职业技能提升3年行动实施方案》(摘要)

要围绕建筑业农民工技能提升，依托建筑工地农民工业余学校和建筑业职业技能培训机构，大力开展建筑业农民工高技能人才(技师)和建筑业农民工多岗位技能两个培训项目。2015至2017年，每年培训农民工高技能人才(技师)2000人，多岗位农民工10万人，培训合格率达90%以上，就业率达90%以上。

培训内容将以相关职业(工种)技师培训教材及《建筑业农民工业余学校培训教材》、《建筑业农民工业余学校培训教学光盘》、各工种《职业技能标准与鉴定规范》及《建筑职工职业道德与维权》为主。并将建筑业相关职业基础知识、安全知识、维权知识、务工常识、职业道德、艾滋病防治等一并纳入培训内容。

建立完善科学、快捷、方便、高效的农民工培训体系。重点加强对施工现场关键岗位技术工种、转岗升级以及青年农民工的培训。通过采取企业自主培训、农民工自学、视频教学、名师带徒、标准工位和施工现场相结合的技能培训方法，为农民工提供多形式、多层次、全方位的培训途径。

建筑业农民工技能培训责任主体为建筑施工总承包企业。施工总承包企业要根据项目用工实际和需求，依托建筑工地农民工业余学校，制定科学、详细的农民工培训方案，并对所承包工程的劳务管理全面负责，建立劳务人员分类培训制度，实行全员培训、持证上岗。同时，要加大对农民工培训资金的投入，足额提取职工教育经费，确保60%以上用于一线农民工的教育和培训。

为确保建筑业农民工职业技能提升3年行动的顺利实施，山东省住房城乡建设部门统一制定了培训实施方案和监督检查管理办法，将对项目实施单位进行抽查和重点督导，实行统一管理，即“统一编制培训计划、统一制定培训标准、统一培训鉴定标准、统一实施质量评估、统一实行实名制动态管理”。

第二章　中国建筑业发展状况

一、发展特点

(一) 产业规模稳中有进

2014 年，在经济增速放缓、固定资产投资下滑的形势下，建筑业依然保持较快增长，产业规模实现稳中有进。建筑业总产值、增加值、合同额、房屋施工面积、竣工面积等指标均有增长，绝大部分上市公司每股收益有所提升，建筑业在经济下行压力之下仍然是相对稳定、活跃、市场较好的产业。2014 年，建筑业在国民经济中的支柱产业作用继续加强，建筑业增加值占国内生产总值的 7%。

(二) 增速下降势头加速

建筑业是实现固定资产投资的主要行业，建筑业的增长趋势与国家经济发展、固定资产投资规模、房地产投资规模密切相关。2014 年，尽管建筑业总体规模仍在扩大，但受经济增速、固定资产投资增速、房地产投资增速放缓的影响，建筑业增速继续呈现明显下降趋势。建筑业总产值增速 2011 年降到 21.3%，2012 年下降到 17.8%，2013 年降到 16.9%，2014 年降至 10.2%。

(三) 设计、房屋建筑缩量显著

勘察设计业务增速下滑严重。建筑需求结构变化明显，交通、大市政工程市场相对稳定并有一定增幅，房屋建筑市场增速下滑较快。部分地区、企业房屋工程建设合同总额、竣工面积绝对量下滑 30%上下，低资质等级企业全年未签承包合同的情况存在，由于市场变化，劳务用工紧张状况缓解。新签合同类型也发生大的变化，靠融资带动的合同增加，但融资成本提高。建筑市场总体形势严峻。

（四）市场竞争加剧，两极分化严重

由于传统建筑市场形势出现逆转，国内外建筑市场的竞争程度都在加剧，企业承揽任务更加困难，资金压力加大，进度款条件进一步严苛，应收工程款普遍增加。在总体缩量的同时，企业的两极分化更加突出，一些与市场需求吻合度高，转型升级速度快的企业保持了乐观的营销状况和市场前景，绝大多数企业承受着市场萎缩的巨大压力。从面上看，绝大部分大型高资质等级企业虽然出现业务的结构性增减，但总体形势还算稳定，而主要依靠房屋、房地产开发、传统能源建设等建筑产品的企业感受到前所未有的困难局面。

（五）转型升级步伐加快

2014 年，建筑企业面对市场形势的新变化，以积极态度应对，以战略转型作答，以实施结构调整为主线，积极推动企业向新兴业务、高端业务和投资业务转型，主动把握新机遇，适应新常态，展开了一系列卓有成效的应对举措。如，在市场有前景的大市政、交通建设领域组织资源形成能力、部署和实践投资型建设、采用互联网＋及相关信息技术拓展业务，转变服务模式、打响绿色建筑品牌、致力于清洁能源、电网建设、投身建筑改造运维市场、加速实施国际化经营战略、积极拓展海外市场等，在严峻的市场形势下，加快转型升级步伐。

二、建筑施工

（一）规模分析

产业总体规模继续扩大。2014 年，全国具有资质等级的总承包和专业承包建筑业企业完成建筑业总产值 176713.40 亿元，比上年增长 10.2%；签订合同额 323613.77 亿元，增长 11.8%；完成房屋建筑施工面积 1250248.54 万 m^2，增长 10.4%；完成房屋建筑竣工面积 423122.73 万 m^2，增长 5.4%；按建筑业总产值计算的劳动生产率为

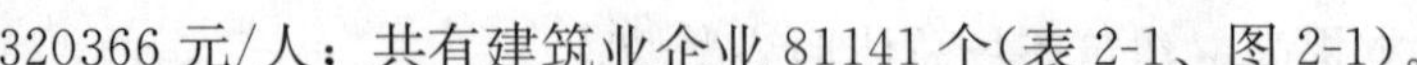

320366 元/人；共有建筑业企业 81141 个(表 2-1、图 2-1)。

2011～2014 年建筑业企业主要经济指标比较 **表 2-1**

类别 \ 年份	2011	2012	2013	2014
企业数量(个)	72280	75280	78919	81141
建筑业总产值(亿元)	116463.32	137217.86	160366.06	176713.40
建筑业增加值(亿元)	32840	36805	40807	44725
利润总额(亿元)	4168.33	4776.14	5575	6913
劳动生产率(按总产值计算)(元/人)	233104	296424	324842	320366
产值利润率(%)	3.6	3.5	3.5	3.9

注：建筑业增加值各年度数据、利润总额 2014 年数据引自国家统计局《2014 年国民经济和社会发展统计公报》；其他经济指标 2011 年、2012 年、2013 年数据引自《中国统计年鉴》，2014 年数据引自国家统计局《2014 年建筑业企业生产情况统计快报》。

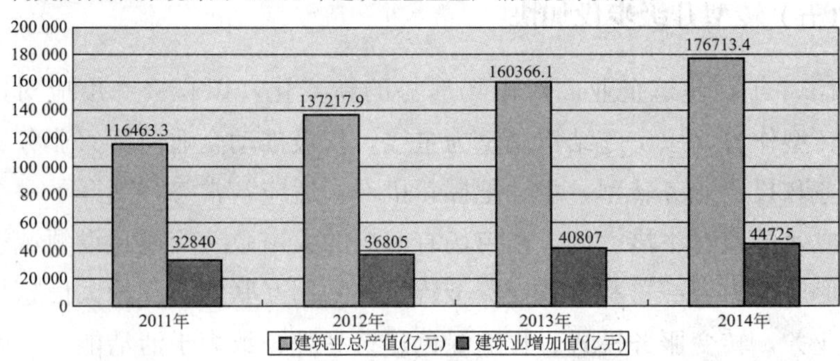

图 2-1　2011～2014 年建筑业总产值、建筑业增加值图示

支柱产业作用继续加强。2014 年，建筑业继续发挥在国民经济中的支柱产业作用。全社会建筑业实现增加值 44725 亿元，占全年国内生产总值的 7%，支柱产业作用继续加强。建筑业还是拉动就业的重要力量，全国具有资质等级的总承包和专业承包建筑业企业从业人员 4960.58 万人。

建筑业在促进地方经济发展、扩大城乡就业、改善城乡面貌、维护社会稳定等方面也继续发挥重要作用。2014 年，江西省建筑业克服经济下行压力，坚持产业集聚、做大做强，该省建筑业产值保持平稳增长，全省建筑业提供的税收占该省地方税收总额的 1/4，建筑业成为该省吸纳农村劳动力转移的第二大产业。广西壮族自治区建筑业增加值达到 1275 亿元，同比增长 14.48%，占广西地区生产总值的 8.1%，成为

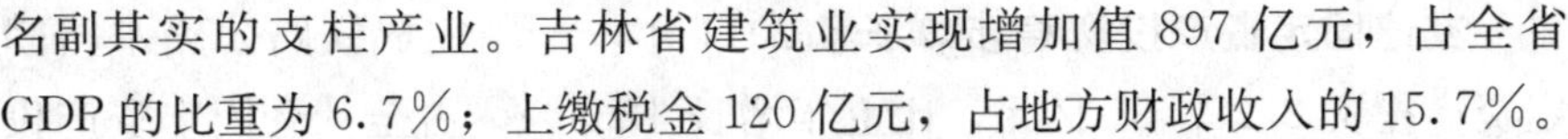

名副其实的支柱产业。吉林省建筑业实现增加值 897 亿元，占全省 GDP 的比重为 6.7%；上缴税金 120 亿元，占地方财政收入的 15.7%。

(二) 效益分析

2014 年，全社会建筑业实现增加值 44725 亿元，比上年增长 8.9%。企业经营效益稳步提高，全国具有资质等级的总承包和专业承包建筑业企业实现利润 6913 亿元，比上年增长 13.7%；其中，国有及国有控股建筑业企业实现利润 1639 亿元，增长 11.7%。建筑业的产值利润率为 3.9%，比上年有所提高。按建筑业总产值计算的劳动生产率为 320366 元/人。

(三) 结构分析

1. 产品结构

房地产开发投资继续增长。2014 年，房地产开发投资 95036 亿元，比上年增长 10.5%。其中，住宅投资 64352 亿元，增长 9.2%；办公楼投资 5641 亿元，增长 21.3%；商业营业用房投资 14346 亿元，增长 20.1%。

2014 年，房屋建筑竣工面积中住宅房屋竣工面积所占比重继续上升，达 67.7%；其次为厂房及建筑物、商业及服务用房屋，所占比重分别为 12.9%、6.5%(表 2-2)。

2014 年房屋建筑竣工面积构成　　**表 2-2**

房屋类型	竣工面积(万 m^2)	所占比例(%)
总计	423122.73	100
住宅房屋	286291.60	67.7
商业及服务用房屋	27642.33	6.5
办公用房屋	23037.38	5.4
科研、教育和医疗用房屋	16400.36	3.9
文化、体育和娱乐用房屋	3872.95	0.9
厂房及建筑物	54489.19	12.9
仓库	2865.25	0.7
其他未列明的房屋建筑物	8523.67	2.0

注：各类房屋建筑竣工面积数据引自国家统计局《2014 年建筑业企业生产情况统计快报》。

交通固定资产投资稳步增长。2014 年，全国完成铁路公路水路固定资产投资 25259.51 亿元，比上年增长 12.6%，占全社会固定资产投资的 4.9%。

全年完成铁路固定资产投资 8088 亿元。其中，铁路建设投资 6623 亿元，比上年增长 12.6%。全年共投产新线 8427km，其中高速铁路 5491km。

全年完成公路建设投资 15460.94 亿元，比上年增长 12.9%。其中，高速公路建设完成投资 7818.12 亿元，增长 7.1%。普通国省道建设完成投资 4611.82 亿元，增长 18.9%。农村公路建设完成投资 3030.99 亿元，增长 20.4%，新改建农村公路 23.21 万 km。纳入《集中连片特困地区交通建设扶贫规划纲要(2011～2020)》的 505 个贫困县完成公路建设投资 3442.92 亿元，增长 8.1%，占全国公路建设投资的 22.3%。

全年内河及沿海建设完成投资 1459.98 亿元，比上年下降 4.5%。其中，内河建设完成投资 508.12 亿元，下降 6.9%。内河港口新建及改(扩)建码头泊位 253 个，新增吞吐能力 16216 万吨，其中万吨级及以上泊位新增吞吐能力 3094 万吨。全年新增及改善内河航道里程 2000km。沿海建设完成投资 951.86 亿元，下降 3.1%。沿海港口新建及改(扩)建码头泊位 170 个，新增吞吐能力 36269 万吨，其中万吨级及以上泊位新增吞吐能力 33123 万吨。505 个贫困县完成水运建设投资 24.69 亿元，全部为内河建设投资，增长 27.7%，占全国内河建设投资的 4.9%。

2. 所有制结构

国有企业骨干作用继续发挥。2014 年，在具有资质等级的总承包和专业承包建筑业企业中，国有及国有控股建筑业企业 6855 个，占全部企业数量的 8.4%；国有及国有控股企业从业人员为 939.03 万人，占全部企业的 18.9%。

2014 年，国有及国有控股建筑业企业完成建筑业总产值 52788.47 亿元，增长 8.3%，占全部企业的 29.9%；签订合同额 131125.96 亿元，增长 13.5%，占全部企业的 40.5%；竣工产值 22405.27 亿元，增长4.0%，占全部企业的22.2%；实现利润1639亿元，增长11.7%，占全部企业的23.7%。全国具有资质等级的总承包和专业承包建筑业企业按建筑业总产值计算的劳动生产率为320366元/人，国有及国有控股建筑业企业为446890元/人。

国有及国有控股建筑业企业数量占全部有资质企业的8.4%，完成了29.9%的总产值、40.5%的合同额、22.2%的竣工产值，充分显示了国有及国有控股企业在建筑业中的骨干作用(表2-3)。

2014年国有及国有控股建筑业企业主要生产指标占全部企业的比重

表2-3

类别	全国建筑业企业	国有及国有控股建筑业企业	国有及国有控股建筑业企业占全部企业的比重
企业数量(个)	81141	6855	8.4%
从业人数(万人)	4960.58	939.03	18.9%
建筑业总产值(亿元)	176713.40	52788.47	29.9%
签订合同额(亿元)	323613.77	131125.96	40.5%
竣工产值(亿元)	100719.51	22405.27	22.2%
实现利润(亿元)	6913	1639	23.7%

注：企业主要生产指标数据引自国家统计局《2014年建筑业企业生产情况统计快报》、《2014年国民经济和社会发展统计公报》。

2014年，国有及国有控股建筑业企业完成建筑业总产值居前的省市依次是：北京、湖北、广东、上海、陕西、天津。签订合同额居前的省市依次是：北京、上海、湖北、广东、天津、湖南(表2-4)。

2014年国有及国有控股企业建筑业总产值、合同额地区份额 表2-4

建筑业总产值		合同额	
地区	数额(亿元)	地区	数额(亿元)
北京	6040.33	北京	17511.06
湖北	4755.30	上海	11101.82
广东	3185.07	湖北	10784.53
上海	2915.64	广东	9112.94
陕西	2764.24	天津	7044.92
天津	2737.57	湖南	6822.71

注：数据引自国家统计局《2014年建筑业企业生产情况统计快报》。

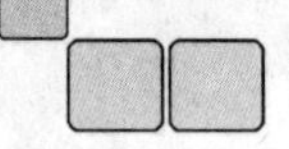

3. 地区结构

2014 年，建筑业总产值排在前 6 位的省市依次是：江苏、浙江、湖北、山东、广东、北京。上述 6 省市完成的建筑业总产值占全国建筑业总产值的 47.1%。其中，江苏和浙江分别占 13.9%和 12.8%(表 2-5)。

2014 年建筑业总产值地区份额 **表 2-5**

地区	建筑业总产值(亿元)
江苏	24592.93
浙江	22668.19
湖北	10059.59
山东	9313.45
广东	8356.50
北京	8209.80

注：数据引自国家统计局《2014 年建筑业企业生产情况统计快报》。

2014 年，建筑业总产值增速最快的是福建、贵州、江西、湖北，增速分别为 22.5%、18.9%、18.8%、18.8%。

在省外完成建筑业产值位居前列的依次是：浙江、江苏、北京、湖北，产值分别为 11325.65 亿元、10298.65 亿元、5314.02 亿元、3882.19 亿元。

省外完成产值占建筑业总产值的比重位居前列的依次是：北京、浙江、上海、江苏，分别为 64.7%、50%、47.2%和 41.9%。

4. 上市公司

2014 年，建筑业上市公司共完成营业收入 32864.46 亿元，平均 938.98 亿元。28 家企业的营业收入增长，7 家下降。营业收入前三名依次是中国建筑股份有限公司、中国中铁股份有限公司、中国铁建股份有限公司，营业收入分别为 8000.29 亿元、6103.28 亿元、5919.68 亿元。26 家企业每股收益增长，9 家下降。每股收益前三名是：中工国际工程股份有限公司、中国铁建股份有限公司、中国交通建设股份有限公司，每股收益分别为 1.13 元、0.92 元、0.86 元(表 2-6)。

建筑业上市公司 2014 年年报部分数据　　　表 2-6

股票代码	公司名称	每股收益（元）		净利润（万元）		净资产收益率（%）		营业利润率（%）
		2013	2014	2013	2014	2013	2014	
000065	北方国际合作股份有限公司	0.62	0.73	15610.81	18459.43	21.47	20.89	8.63
000498	山东高速路桥集团股份有限公司	0.23	0.28	26124.38	31124.77	12.14	12.69	6.27
000758	中国有色金属建设股份有限公司	0.09	0.27	8185.84	26562.35	2.14	6.01	2.06
000797	中国武夷实业股份有限公司	0.27	0.29	10411.50	11355.43	8.01	8.10	7.04
002051	中工国际工程股份有限公司	0.94	1.13	71847.67	86677.25	16.11	17.39	10.04
002060	广东水电二局股份有限公司	0.15	0.16	8924.11	9822.69	3.68	3.91	1.97
002062	宏润建设集团股份有限公司	0.23	0.26	17922.62	20451.82	8.98	9.51	3.06
002135	浙江东南网架股份有限公司	0.08	0.09	6046.75	6451.84	3.40	3.52	1.63
002140	东华工程科技股份有限公司	0.53	0.59	23519.60	26316.62	15.76	15.33	9.04
002307	新疆北新路桥建设股份有限公司	0.02	0.05	991.75	3006.74	0.81	2.32	−0.15
002524	光正钢结构股份有限公司	0.003	−0.17	156.03	−8765.72	0.21	−10.87	−11.61
002542	中化岩土工程股份有限公司	0.18	0.29	7070.32	13027.97	8.63	10.90	12.25
002586	浙江省围海建设集团股份有限公司	0.32	0.29	9638.76	10201.92	10.72	7.11	7.87
002628	成都市路桥工程股份有限公司	0.48	0.19	31494.28	13790.05	15.53	5.33	8.09

续表

股票代码	公司名称	每股收益（元）		净利润(万元)		净资产收益率(%)		营业利润率(%)
		2013	2014	2013	2014	2013	2014	
600039	四川路桥建设股份有限公司	0.25	0.30	51292.40	89327.84	12.75	12.80	4.37
600068	中国葛洲坝集团股份有限公司	0.45	0.53	158473.70	228699.21	12.14	12.58	4.95
600170	上海建工股份有限公司	0.45	0.48	162309.19	177180.16	12.58	12.76	1.74
600248	陕西延长石油化建股份有限公司	0.44	0.43	18597.82	19798.05	15.83	12.85	4.48
600284	上海浦东路桥建设股份有限公司	0.87	0.51	57701.98	35271.09	11.95	7.30	14.12
600477	浙江杭萧钢构股份有限公司	0.10	0.11	4457.31	5925.81	5.82	5.57	1.77
600491	龙元建设集团股份有限公司	0.23	0.26	22162.85	24179.74	7.35	7.56	2.30
600496	长江精工钢结构（集团）股份有限公司	0.40	0.44	23713.30	26651.09	10.76	10.45	3.87
600502	安徽水利开发股份有限公司	0.40	0.46	20286.26	23062.60	13.98	13.92	4.51
600512	腾达建设集团股份有限公司	0.20	0.03	15097.14	2402.12	13.51	2.06	1.79
600528	中铁二局股份有限公司	0.29	0.19	42160.61	28285.70	7.24	4.70	0.58
600820	上海隧道工程股份有限公司	0.48	0.51	128930.90	139366.80	11.14	10.80	6.34
600970	中国中材国际工程股份有限公司	0.08	0.14	9018.77	14833.62	1.97	3.41	0.68
601117	中国化学工程股份有限公司	0.68	0.64	335699.54	316604.80	17.25	14.13	5.93

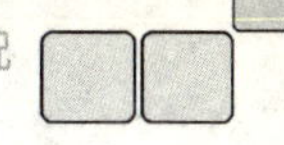

续表

股票代码	公司名称	每股收益（元）		净利润（万元）		净资产收益率（%）		营业利润率（%）
		2013	2014	2013	2014	2013	2014	
601186	中国铁建股份有限公司	0.84	0.92	1034465.8	1134326.5	13.59	13.24	2.43
601390	中国中铁股份有限公司	0.44	0.48	937463.4	1035997.2	11.39	11.26	2.43
601618	中国冶金科工股份有限公司	0.16	0.21	298086.4	396493.8	6.95	8.63	2.45
601668	中国建筑股份有限公司	0.68	0.75	2039851.2	2256996.7	18.60	17.70	5.28
601669	中国电力建设股份有限公司	0.47	0.50	455382.62	478633.44	14.03	13.49	3.94
601789	宁波建工股份有限公司	0.48	0.38	22666.26	18390.74	11.82	8.68	1.77
601800	中国交通建设股份有限公司	0.75	0.86	1213884.4	1388749.89	13.29	13.36	4.63

（四）结构调整举措

创新业务，拓展领域。2014年，建筑业企业以实施结构调整和转型升级为主线，深入推进企业改革与转型发展，积极推动企业向新兴业务、高端业务和投资业务转型，企业发展速度进一步加快，发展质量、竞争优势进一步提升。

中国建筑股份有限公司继续坚持围绕“大市场、大业主、大项目”的市场开拓策略，坚持“放弃低端、兼顾中端、占领高端”的发展理念，全年境内新签大型施工项目（房建项目合同额2亿元及以上、基建项目合同额5亿元及以上）约1380个，合同金额约1.2万亿元，大项目个数占比接近半数，大项目金额占比约为九成。承建了全国90%以上的300m以上超高层建筑、70%以上的一线、省会及重点城市的大型机场，彰显了行业竞争优势和技术实力。同时积极发现和培育新的增长点，有序推进创新业务，创新产业初步完成顶层设计和统筹规划，将旗下中建发展作为创新业务投资平台和创新产业孵化“基地”，积极开展水务环保业务、分布式能源、绿色建筑、建筑节能以及生态环境工程的调研和产业论证，为下一步发展打牢基础。

中国电力建设股份有限公司着眼于顶层设计，进一步优化内部资源配置，推进产业链一体化进程。完成了两级总部整合工作，减少管理层级，有效提升了公司的决策效率和执行效率。启动了将水电、风电勘测设计业务资产注入上市公司的重大资产重组工作，将在水利水电、风电领域，形成集勘测、设计、投资、建设、运营于一体的全产业链的经营能力，实现国内水利水电、风电勘测设计和建设领域领军企业的强强联合，大力提升公司在水利水电、风电领域的产业链一体化协同效应，进一步巩固公司的行业龙头地位和核心竞争力。

为更好匹配不断增长的投资体量与业务扩张速度，上海隧道工程股份有限公司多方接洽金融机构，灵活设计融资方案，拓宽融资渠道，确保长期资金的稳定投入的同时努力降低融资成本；公司积极研究尝试新的融资模式，部分项目通过合伙基金注入项目公司股权，从而实现项目债权融资与股权融资的联动投入。

中国葛洲坝集团股份有限公司深化企业改革，大力推进混合所有制经济；创新组织结构、商业模式、金融服务，不断提升发展品质。

创新治理结构，深化企业改革。中国葛洲坝集团股份有限公司(以下简称公司)积极探索企业改革，大力推进混合所有制经济，加强与优秀的同行业、国有资本、民营资本和国外资本合作，增强企业的经营活力和发展动力。在创新利用混合所有制模式过程中，公司不仅在传统的水泥和民爆业务上抢得发展先机，而且催生了一批新兴业务，先后与民营资本合资设立葛洲坝能源重工有限公司，进入高端装备制造和分布式能源领域；与荷兰公司泰合集团资产管理公司合作，收购凯丹水务国际集团(香港)有限公司75%的股权，进入水务市场；控股收购了湖北中固科技股份有限公司，进入污水污土治理领域。与此同时，公司全面调整子公司的治理结构，建立了专职董事、监事制度，设立了4个监事会，向14家子企业派驻了专职董事、监事，促进子企业科学决策、规范运作，有效防范企业经营中的风险。

创新组织结构，优化资源配置。公司对现有资源进行了优化配置和科学整合，按照年产值过百亿、主业方向明确、具有施工总承包特级资质、具有较强竞争力的目标，打造6家大型建筑施工子企业，提高子企业的行业话语权和市场影响力；为积极推进节能环保、水务、高端装备等新兴业务，公司确立了中国葛洲坝集团投资控股有限公司、葛洲坝集团水泥有限公司、葛洲坝能源重工有限公司、中国葛洲坝集团绿园科技有限公司等4家子公司作为新兴业务的发展平台，通过“四轮驱动”，立志于打造具备全产业链优势的“葛洲坝环保”业务板块；对葛洲坝海集房地产开发有限公司和湖北武汉葛洲坝实业有限公司进行合并重组，设立中国葛洲坝集团置业有限公司，进一步增强房地产板块的实力；组建新的中国葛洲坝集团第六工程有限公司，进一步做强公司房建板块；扩充公司金融板块，公司在上海自贸区设立中国葛洲坝集团融资租赁有限公司，拓展公司融资渠道。

创新商业模式，提升发展品质。由于国家宏观经济政策的转变、中央严格控制地方政府债务等因素，传统的由政府或者大业主投资的项目正在减少。面对建筑行业发展的困局，公司及时转变传统的思维和模式，积极创新商业模式，推行PPP、BOT、TOD、产业基金等投融资模式，加大改革力度，向高端项目发力，取得了较好的业绩。如以小额参股方式中标了巴基斯坦SK水电站承包项目，以“小额参股＋回购”方式获得了湖北省大型交通项目的总承包权，以“投融资＋EPC＋股权回购”方式获取重庆龙洲湾总承包项目。2014年，公司新签合同额达到1375.70亿元，其中采用创新商业模式获得的项目签约额占比达到55.66％。

创新金融服务，推动产融结合。公司积极创新融资模式，灵活运用各种融资工具，拓宽融资渠道，筑牢资金链条。2014年，公司完成非公开发行股票募集资金 40 亿元，发行中期票据 5.5 亿元、发行超短期融资券 50 亿元。作为公司重要的融资平台，中国葛洲坝集团融资租赁公司充分利用上海自贸区优惠政策，打通低成本融资渠道，2014 年已募集资金 2 亿元，资金成本低于市场平均利率。公司还加强与金融机构合作，探索共同发起产业基金，解决承揽工程、融通资金、分担风险、提高效益、降低资产负债率等难题，更好地为公司开拓高端市场服务。

品牌技术提升市场竞争力。许多建筑企业走科技兴企之路，不断抢占技术制高点，依靠技术创新保持可持续发展，保持企业强劲的市场竞争力。

2014 年，中国中铁股份有限公司积极实施“十二五”科技发展计划，大量采用新技术、新工艺、新材料、新设备，在公司业务发展中发挥了重要作用，全面提高了工程和产品质量。通过大力实施科技兴企战略，公司自主创新能力显著提升。全年 578 项科技成果通过了各级鉴定、评审或验收，大跨度漂浮型铁路斜拉桥列车制动响应智能控制新技术获国家技术发明奖，地铁施工安全风险控制成套技术及应用和中国中铁创新体系升级版工程等 2 项科技成果获国家科技进步奖。获省部级(含国家认可的社会力量设奖)科技进步奖 283 项；获省部级优秀工程勘察设计奖 49 项，省部级优秀工程咨询成果奖 11 项；获授权专利 904 项，其中发明专利 197 项，有效专利居于中国建筑企业前列。获国家级工法 39 项，获省部级工法 238 项，参与编制国家技术标准 10 项、行业技术标准 87 项。

为促进高技术产业健康发展，提高企业市场核心竞争力，增加自主创新能力，上海隧道工程股份有限公司针对地下空间开发领域的新技术、新产品和新工艺，通过设立课题制管理的研究开发项目进行技术攻关，以公司发文模式形成年度科研计划，并实行项目财务专账管理。2014 年度公司科研立项工作集合市场需求导向与公司发展战略要求，围绕高端装备制造、大型隧道建设以及复杂环境地下空间开发等核心业务领域开展立项工作，共 26 项课题列入公司年度科研计划，并予以专项经费支持。该批科研项目的攻关以构建城市核心区立体化交通网络、缓解城市交通压力、节约利用地下空间为目的，建立起具有自主知识产权的城市核心区地下空间非开挖建设技术体系，提出切实可行的解决方案，为建设资源节约型和环境友好型社会提供技术支持。

长江精工钢结构(集团)股份有限公司经过多年的研发和实践经验积累，形成了以“精工八大技术体系”为核心的自主知识产权体系，并在此基础上不断衍生出业内领先的专有技术、工法和科技成果。2014 年，该公司“大跨度钢结构防火防腐关键技术与工程应用”获得国家科技进步奖二等奖，“大跨度空间轮辐式索桁架结构与其支承结构施工技术研究与应用”获中国钢结构协会科学技术奖三等奖。公司拥有国家技术中心 1 家，高新技术企业 8 家；2014 年获得专利授权 55 项、国家级 QC 成果 1 项、省级 QC 成果 9 项等多项技术成果。公司坚持高端市场定位，先后承接了多个国家或地区的地标性建筑和知名企业工程，以良好的品质赢得了市场口碑。2014 年，深圳湾体育中心获得詹天佑奖；温州国际会展中心三期展馆工程和广州太古汇工程 2 项工程获得鲁班奖；天津奥林匹克中心体育场、鄂尔多斯市东胜区全民健身活动中心体育场、中国国际贸易中心三期、广州珠江新城西塔 4 项工程获得“改革开放 35 年百项经典暨精品工程”。

加速实施国际化经营战略。为调结构、拓市场，进一步优化企业盈利模式，建筑业企业继续加速拓展海外市场，积极推进国际化进程。

中国建筑股份有限公司积极推行“大海外”发展战略。对外，拓展海外市场、推进国际化进程。在保持北非、美国、中东、东南亚等传统优势地区的规模增长外，成立非洲、拉美、中东欧、东盟及周边国家、中亚五大海外营销中心，尤其对“一带一路”相关国家形成营销覆盖，强力拓展海外市场，已相继在南美洲、大洋洲和东非区域取得新突破。同时，继续研究推进海外并购业务。对内，强化海外机构管理。对海外事业部的职能进行调整，将阿尔及利亚、美国公司提升为由公司总部直接管理，一些后续的重大调整还将陆续推进。一方面，进一步推动了公司海外事业部的职能聚焦，加强总部管控力度；另一方面，对业务发展成熟、管理要素完整的境外子企业，通过提升管理层级，加速打造境外发展平台，完善市场布局。在“大海外”业务平台和营销网络的带动下，公司下属各工程局、设计院、专业公司等与海外事业部联动，取得了积极的市场效果。2014 年，境外新签合同额 787 亿元，同比增长 13.1%；境外营业收入 516 亿元，同比增长 30.8%；实现利润总额 36.9 亿元，同比增长 6.1%。境外业务结构进一步优化，境外公建项目与基础设施项目占比进一步提升。新签 1 亿美元以上大型项目 39 个，占境外新签合同额的 79%，彰显海外竞争能力，实现价值创造。

中国交通建设股份有限公司着力提升海外业务的专业整合能力、产业链整合能力、融资能力、集成管理能力和战略联盟能力等五大核心能力，以搭建海外专业化平台为载体，不断推进产业链向价值链转化，实现由“工”到“商”转变。2014 年，来自海外地区的业务收入为 101.35 亿美元，约占集团收入的 16.98%。来自海外地区的新签合同额为 211.62 亿美元，约占集团新签合同额的 21.63%。2014 年，一批代表世界水平的海外工程顺利推进，港珠澳大桥进展顺利，塞尔维亚泽蒙-博尔察大桥、毛里塔尼亚友谊港扩建工程、卡塔尔多哈新港、采用中国技术标准建成的埃塞俄比亚高速公路、牙买加南北高速 BOT 项目中段工程相继投入使用，肯尼亚蒙内铁路全部采用中国设备和中国设计标准有序实施。同时，新市场开拓成果不断扩大，在巩固非洲和亚洲传统市场的同时，不断扩大拉美、中东、中东欧等中高端市场，继续加强对美国、欧洲、澳大利亚等高端发达市场的纵深拓展。2014 年在 53 个国家和地区新签 185 个工程项目，合同额在 3 亿美元以上项目 18 个，总合同额 100.75 亿美元，占全部海外工程项目新签合同额的 59.2%。

中国电力建设股份有限公司海外业务已经形成以水利、电力建设为核心，涉及公路、轨道交通、市政、房建、水处理等领域综合发展的“大土木、大建筑”的多元化业务结构，并已形成以亚洲、非洲为中心，辐射美洲、大洋洲和东欧的多元化市场格局。公司积极推动中巴经济走廊、中印缅孟经济走廊、丝绸之路经济带、亚洲互联互通项目群的开发，国际经营规模与层次进一步提升。2014 年，公司海外营业收入位列全球最大 250 家国际工程承包商第 23 位，在上榜的中国企业中名列第 3 位。截至 2014 年末，公司海外业务新合同约为 860.4 亿元，实现

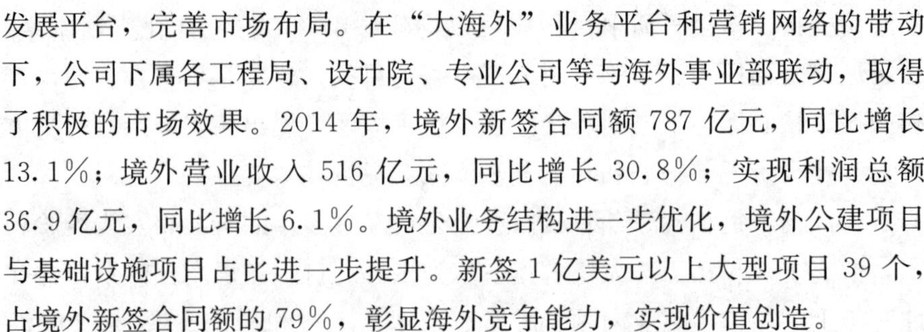

主营业务收入407.32亿元，在公司2014年度对应总额中的占比分别达到36.2%、24.59%。截至2014年末，公司在88个国家设有130个驻外机构，海外在建项目分布在98个国家，执行项目合同742项，其中在“一带一路”区域内的34个国家中承担工程承包业务，在建项目223个、合同总额约232.78亿美元。

2014年，中国铁建股份有限公司在逐步理顺海外经营管理体制机制的同时，着力在利用国家政策、加强高层对接沟通、创新经营模式、深耕支柱市场、紧抓重大项目上下功夫，全年海外新签合同额达到1278.027亿元，同比增长59.74%。

三、勘察设计

（一）规模分析

2014年，全国勘察设计企业完成合同额合计16788.28亿元，比上年增长5.35%。勘察设计企业营业收入总计27151.54亿元，比上年增长27%(图2-2)。勘察设计行业人均营业收入108万元，比上年增长23%(图2-3)。勘察设计行业全年利润总额2058.69亿元，比上年增长46%；应交所得税411.31亿元，比上年增长55%。勘察设计行业企业净利润1646.12亿元，比上年增长44%。设计企业施工图完成投资额96785.04亿元，比上年增长9%；施工图完成建筑面积75.50亿m^2，比上年增长65%。

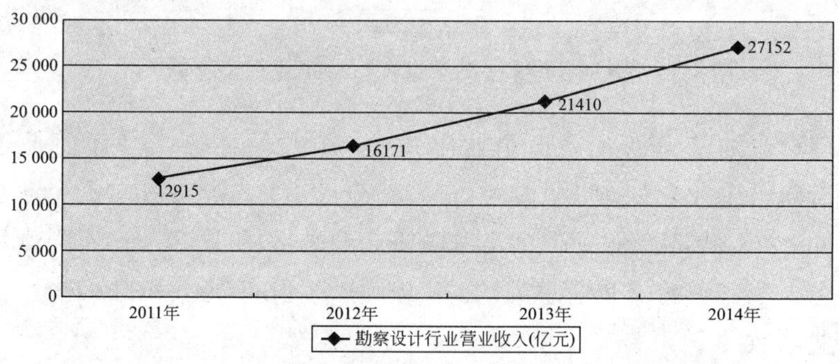

图2-2　2011～2014年勘察设计行业营业收入发展图示

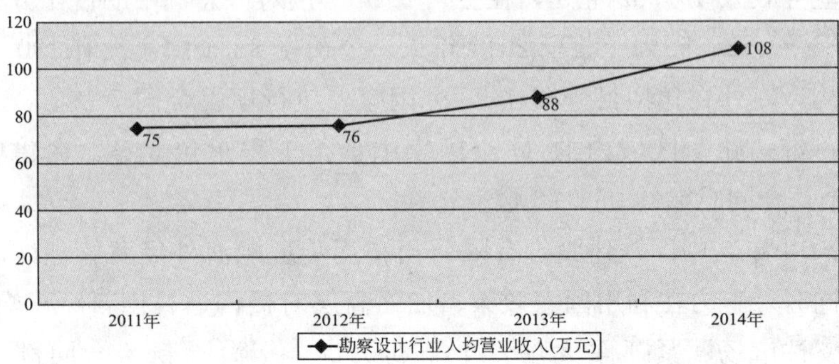

图 2-3　2011～2014 年勘察设计行业人均营业收入发展图示

(二) 结构分析

1. 所有制结构

2014 年，全国共有勘察设计企业 19262 个，比上年增长 0.16%(图 2-4)。

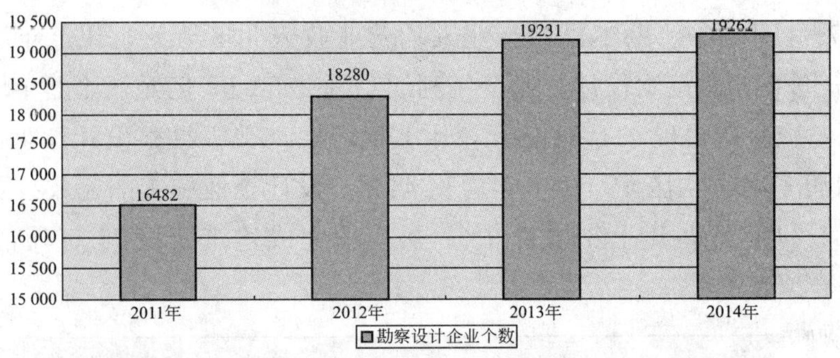

图 2-4　2011～2014 年勘察设计行业企业数量发展图示

内资企业 19016 个，占企业总数 98.72%。其中：国有企业 3538 个，占内资企业总数的 18.61%,；私营企业 3362 个，占内资企业总数的 17.68%；集体企业 267 个，占内资企业总数的 1.40%；有限责任公司 10171 个，占内资企业总数的 53.49%；股份有限公司 1138 个，占内资企业总数的 5.98%。

港、澳、台商投资企业 121 个，占企业总数 0.63%。外商投资企

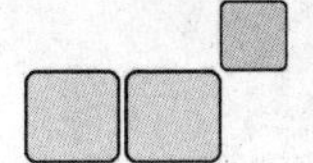

业 115 个，占企业总数 0.60%。

2. 企业资质结构

(1) 持有行业资质、专业资质企业情况

2014 年，甲级企业 3643 个，比上年增长 2.02%。乙级企业 4425 个，比上年减少 2.47%。丙级企业 3659 个，比上年减少 0.65%。

(2) 持有专项资质企业情况

2014 年，持有专项证书的企业 3786 个，比上年增长 1.37%。

(3) 工程勘察设计企业具体构成

工程勘察企业 1776 家，占勘察设计企业总数 9.22%。工程设计企业 13915 家，占勘察设计企业总数 72.24%。工程设计施工一体化企业 3571 家，占勘察设计企业总数 18.54%(图 2-5)。

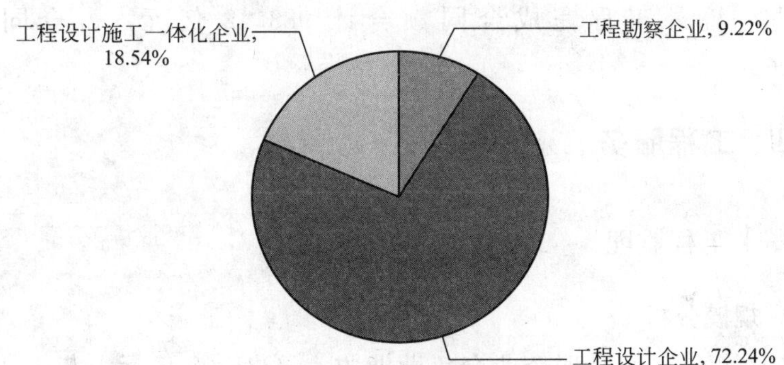

图 2-5　2014 年工程勘察设计企业构成图示

3. 人员结构

2014 年，勘察设计行业从业人员 2502794 人，比上年增长 2.40%(图 2-6)。专业技术人员 1287163 人，占年末从业人员总数的 51.43%。其中，具有高级职称 303264 人，占年末从业人员总数的 12.12%；具有中级职称 484861 人，占年末从业人员总数的 19.37%。

2014 年，勘察设计行业取得注册执业资格共 268828 人次，占年末从业人员总数的 10.74%，比上年增长 2.58%。

4. 业务结构

2014 年，工程勘察完成合同额合计 695.69 亿元，占合同总额的 4.16%；工程设计完成合同额合计 3555.18 亿元，占合同总额的

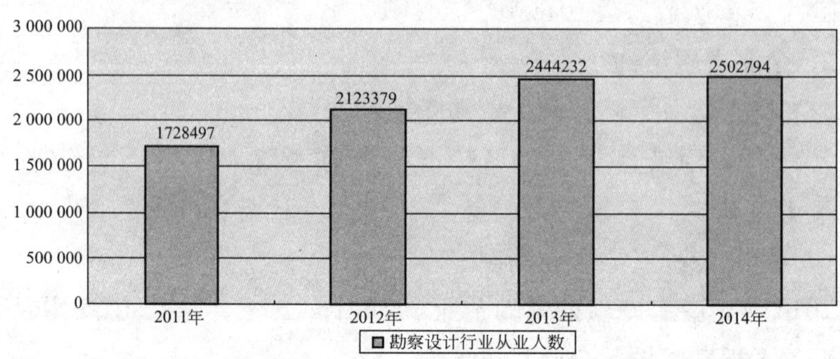

图 2-6　2011～2014 年勘察设计行业人员数量发展图示

21.20%；工程技术管理服务完成合同额合计 517.37 亿元，占合同总额的 3.08%；工程总承包完成合同额合计 12020.02 亿元，占合同总额的 71.58%；境外工程完成合同额合计 983.42 亿元，占合同总额的 5.86%。

四、工程服务

(一) 工程监理

1. 规模分析

2014 年，工程监理企业全年营业收入 2221.08 亿元，与上年相比增长 8.56%(图 2-7)。其中工程监理收入 963.6 亿元，与上年相比增长 8.77%；工程勘察设计、工程项目管理与咨询服务、工程招标代理、工程造价咨询及其他业务收入 1257.5 亿元，与上年相比增长 8.39 %。其中 9 个企业工程监理收入突破 3 亿元，32 个企业工程监理收入超过 2 亿元，131 个企业工程监理收入超过 1 亿元，工程监理收入过亿元的企业个数与上年相比，增长 12.93%。

2014 年，工程监理企业承揽合同额 2435.24 亿元，与上年相比增长 0.50%。其中工程监理合同额 1279.23 亿元，与上年相比增长 4.09%；工程项目管理与咨询服务、勘察设计、工程招标代理、工程造价咨询及其他业务合同额 1156.01 亿元，与上年相比减少 3.18 %。工程监理合同额占总业务量的 52.53%。

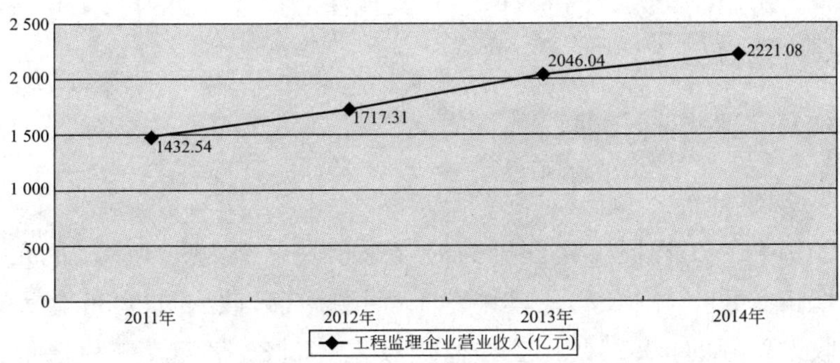

图 2-7　2011～2014 年工程监理企业营业收入发展图示

2. 结构分析

(1) 业务结构

2014 年，在建设工程监理营业收入中，工程监理收入占总营业收入的 43.4%。

(2) 企业结构

2014 年，建设工程监理企业按主营业务专业工程类别划分，房屋建筑工程监理企业所占比重最高，占 81.62%；其次是市政公用工程监理企业，占 6.91%。建设工程监理企业按工商登记类型划分，有限责任所占比重最高，占 50.28%；其次是私营企业，占 29.45%；再次是股份有限，占 9.44%。

(3) 人员结构

2014 年，工程监理企业从业人员 941909 人，与上年相比增长 5.76%。其中，正式聘用人员 741354 人，占年末从业人员总数的 78.71%；临时聘用人员 200555 人，占年末从业人员总数的 21.29%；工程监理从业人员为 703187 人，占年末从业总数的 74.66%。

2014 年，工程监理企业专业技术人员 831718 人，与上年相比增长 4.93%。其中，高级职称人员 122065 人，中级职称人员 369454 人，初级职称人员 212486 人，其他人员 127713 人。专业技术人员占年末从业人员总数的 88.30%。

2014 年，工程监理企业注册执业人员为 201863 人，与上年相比增长 9.12%。其中，注册监理工程师为 137407 人，与上年相比增长

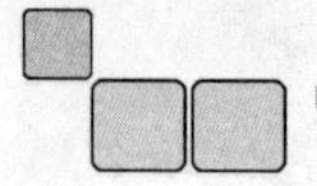

7.98%，占总注册人数的68.07%；其他注册执业人员为64456人，占总注册人数的31.93%。

(二) 工程招标代理

1. 规模分析

2014年，工程招标代理机构的营业收入总额为2530.59亿元，比上年增长3.86%(图2-8)。其中，工程招标代理收入259.36亿元，占营业收入总额的10.25%；工程监理收入370.80亿元，工程造价咨询收入247.54亿元，工程项目管理与咨询服务收入233.15亿元，其他收入1419.73亿元。

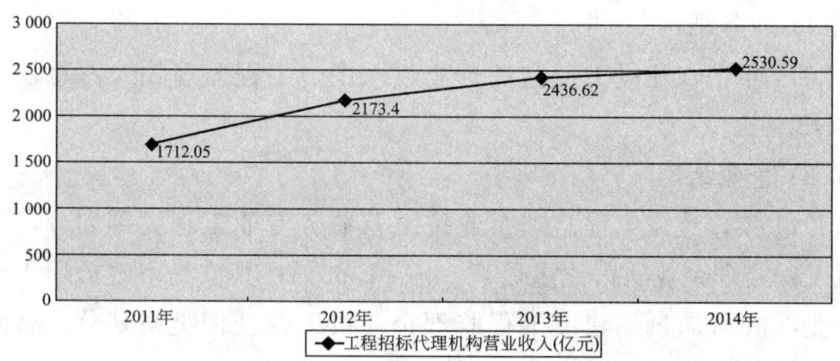

图2-8 2011～2014年工程招标代理机构营业收入发展图示

2014年，工程招标代理机构工程招标代理中标金额83461.03亿元，比上年增长19.21%。其中，房屋建筑和市政基础设施工程招标代理中标金额65989.04亿元，占工程招标代理中标金额的79.07%；招标人为政府和国有企事业单位工程招标代理中标金额52081.60亿元，占工程招标代理中标金额的62.40%。

2014年，工程招标代理机构承揽合同约定酬金合计1408.81亿元，比上年增长13.73%。其中，工程招标代理承揽合同约定酬金为210.81亿元，占总承揽合同约定酬金的14.96%；工程监理承揽合同约定酬金为430.71亿元；工程造价咨询承揽合同约定酬金为196.13亿元；项目管理与咨询服务承揽合同约定酬金为86.02亿元；其他业务承揽合同约定酬金为485.15亿元。

2. 结构分析

（1）业务结构

2014 年，在工程招标代理机构的营业收入中，工程招标代理收入占 10.25%，工程监理收入占 14.65%，工程造价咨询收入占 9.78%，工程项目管理与咨询服务收入占 9.21%，其他收入占 56.10%（图 2-9）。

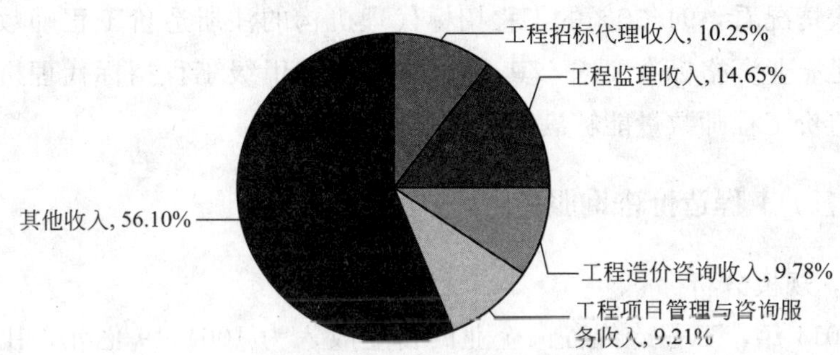

图 2-9　2014 年工程招标代理机构营业收入构成图示

（2）企业结构

2014 年度参加统计的全国工程招标代理机构共 5950 个。

按照资格等级划分，甲级机构 1650 个，比上年增长 11.49%；乙级机构 2853 个，比上年下降 1.55%；暂定级机构 1447 个，比上年增长 6.95%。

按照企业登记注册类型划分，国有企业和国有独资公司共 254 个，股份有限公司和其他有限责任公司共 3124 个，私营企业 2452 个，港澳台投资企业 7 个，外商投资企业 3 个，其他企业 110 个。

（3）人员结构

2014 年，工程招标代理机构从业人员合计 535322 人，比上年增长 10.20%。其中，正式聘用人员 483131 人，占年末从业人员总数的 90.25%；临时工作人员 52191 人，占年末从业人员总数的 9.75%。

2014 年，工程招标代理机构正式聘用人员中专业技术人员合计 423171 人，比上年增长 9.29%。其中，高级职称人员 71574 人，中级职称 192305 人，初级职称 99014 人，其他人员 60278 人。专业技术人员占年末正式聘用人员总数的 87.59%。

2014 年，工程招标代理机构正式聘用人员中注册执业人员合计

104530人，比上年增长11.35%。其中，注册造价工程师50372人，占总注册人数的48.19%；注册建筑师1200人，占总注册人数的1.15%；注册工程师4046人，占总注册人数的3.87%；注册建造师11840人，占总注册人数的11.33%；注册监理工程师35679人，占总注册人数的34.13%；其他注册执业人员1393人，占总注册人数的1.33%。从统计报表情况看，94.30%的工程招标代理机构的注册造价工程师数量能够满足企业资格标准要求，其中，97.50%的甲级工程招标代理机构的注册造价工程师数量能够满足企业资格标准要求。

(三) 工程造价咨询服务

1. 规模分析

2014年，工程造价咨询企业的营业收入为1064.19亿元，比上年增长6.9%。其中工程造价咨询业务收入479.25亿元，增长14.2%，占45.0%；招标代理业务收入占9.5%；建设工程监理业务收入占20.5%；项目管理业务收入占18.2%；工程咨询业务收入占6.8%。

2. 结构分析

(1) 业务结构

在工程造价咨询业务收入中，按所涉及专业划分，房屋建筑工程专业收入285.51亿元，占全部工程造价咨询业务收入比例为59.57%；市政工程专业收入68.03亿元，占14.20%；公路工程专业收入20.26亿元，占4.23%；火电工程专业收入11.67亿，占2.44%；水利工程专业收入9.7亿元，占2.02%；其他各专业收入合计84.08亿元，占17.54%(图2-10)。

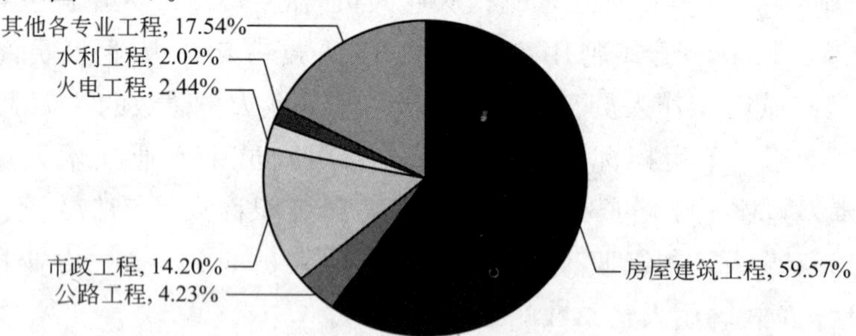

图2-10　2014年工程造价咨询企业业务收入分布图示(按专业划分)

按工程建设的阶段划分，前期决策阶段咨询业务收入为49.63亿元、实施阶段咨询业务收入127.98亿元、竣工决算阶段咨询业务收入165.94亿元、全过程工程造价咨询业务收入115.58亿元、工程造价经济纠纷的鉴定和仲裁的咨询业务收入6.78亿元，各类业务收入占工程造价咨询业务收入比例分别为10.36%、26.71%、34.62%、24.12%和1.41%。此外，其他工程造价咨询业务收入13.34亿元，占2.78%。

(2) 企业结构

2014年，全国共有6931家工程造价咨询企业参加了统计，比上年增长2%。其中，甲级工程造价咨询企业2774家，增长11.6%；乙级工程造价咨询企业4157家，减少3.5%。专营工程造价咨询企业2170家，增长1.8%；兼营工程造价咨询企业4761家，增长2.1%。

(3) 人员结构

2014年，工程造价咨询企业从业人员412591人，比上年增长23.3%。其中，正式聘用员工379154人，占年末从业人员总数的91.90%；临时聘用人员33437人，占年末从业人员总数的8.10%。

2014年，工程造价咨询企业中共有注册造价工程师68959人，比上年增长5.1%，占全部造价咨询企业从业人员的16.71%；造价员104151人，比上年增长10.2%，占全部造价咨询企业从业人员的25.24%。

2014年，工程造价咨询企业共有专业技术人员合计286928人，比上年增长22.8%，占年末从业人员总数的69.54%。其中，高级职称人员62745人，中级职称人员146837人，初级职称人员77346人，各级别职称人员占专业技术人员比例分别为21.87%、51.18%、26.95%。

五、对外承包工程

2014年，我国对外承包工程保持良好增长态势。一是业务规模稳步增长。全年对外承包工程业务完成营业额1424亿美元，比上年增长3.8%；新签合同额1917.6亿美元，比上年增长11.7%。二是新市场开拓取得明显成效。除亚非传统市场继续巩固，我国企业在北美、拉美、欧洲等地区接连签署重要项目。三是项目规模不断扩大。新签合同

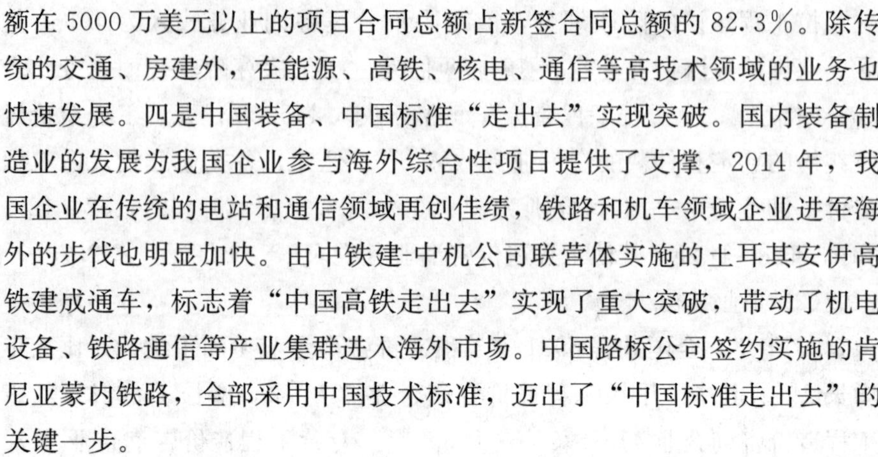

额在5000万美元以上的项目合同总额占新签合同总额的82.3%。除传统的交通、房建外，在能源、高铁、核电、通信等高技术领域的业务也快速发展。四是中国装备、中国标准“走出去”实现突破。国内装备制造业的发展为我国企业参与海外综合性项目提供了支撑，2014年，我国企业在传统的电站和通信领域再创佳绩，铁路和机车领域企业进军海外的步伐也明显加快。由中铁建-中机公司联营体实施的土耳其安伊高铁建成通车，标志着“中国高铁走出去”实现了重大突破，带动了机电设备、铁路通信等产业集群进入海外市场。中国路桥公司签约实施的肯尼亚蒙内铁路，全部采用中国技术标准，迈出了“中国标准走出去”的关键一步。

六、安全形势

安全生产形势总体平稳。2014年，全国房屋市政工程安全生产形势总体平稳，事故起数和死亡人数有小幅度下降，有14个地区事故起数和死亡人数同比下降。

2014年，全国共发生房屋市政工程生产安全事故522起、死亡648人，比上年同期事故起数减少6起、死亡人数减少26人，同比分别下降1.14%和3.86%。未发生特别重大事故。

全国有18个地区发生房屋市政工程生产安全较大及以上事故。其中江苏、黑龙江各发生3起，北京、辽宁、湖北、宁夏、广西、新疆、河南各发生2起，四川、山东、安徽、贵州、湖南、广东、青海、江西、山西各发生1起。

高处坠落、坍塌、物体打击、起重伤害等是事故主要类型。2014年，房屋市政工程生产安全事故按照类型划分，高处坠落事故276起，占总数的52.87%；坍塌事故71起，占总数的13.60%；物体打击事故63起，占总数的12.07%；起重伤害事故50起，占总数的9.58%；机械伤害、车辆伤害、触电、中毒和窒息等其他事故62起，占总数的11.88%。

2014年共发生29起较大及以上事故，其中起重机械伤害事故12起，死亡36人，分别占较大及以上事故总数的41.38%和34.29%；模板支撑体系坍塌事故5起，死亡22人，分别占较大及以上事故总数的17.24%和20.95%；基坑、沟槽坍塌事故3起，死亡10人，分别占较大及以上事故总数的10.34%和9.52%；钢筋坍塌事故2起，死亡14人，分别占较大及以上事故总数的6.90%和13.33%；钢结构坍塌事故2起，死亡6人，分别占较大及以上事故总数的6.90%和5.71%；卸料平台坍塌事故1起，死亡5人，分别占较大及以上事故总数的3.45%和4.76%；砖胎膜坍塌事故1起，死亡3人，分别占较大及以上事故总数的3.45%和2.86%；自制移动吊装支架坍塌事故1起，死亡3人，分别占较大及以上事故总数的3.45%和2.86%；隧道坍塌事故1起，死亡3人，分别占较大及以上事故总数的3.45%和2.86%；外脚手架坍塌事故1起，死亡3人，分别占较大及以上事故总数的3.45%和2.86%。

安全生产形势依然比较严峻。一是部分地区事故起数同比上升，特别是江苏（起数上升82.5%、人数上升42.4%）、福建（起数上升70.0%、人数上升23.5%）、四川（起数上升62.5%、人数上升7.1%）、山东（起数上升58.3%、人数上升23.5%）等地区上升幅度较大。二是较大及以上事故起数和死亡人数出现反弹，重大事故还没有完全遏制。全国共发生房屋市政工程生产安全较大及以上事故29起、死亡105人，比上年同期事故起数增加4起、死亡人数增加3人，同比分别上升16.00%和2.94%，其中重大事故1起。从事故类型来看，模板支撑体系坍塌和起重机械伤害较大事故共17起，占较大及以上事故起数的58.62%，仍是房屋市政工程重大危险源。

第三章　着力深化改革　推进行业发展

2014年，在国家全面深化改革的背景下，住房和城乡建设部出台了一系列政策和措施，加快推动建筑业改革发展。

一、全面深化建筑业体制机制改革

2014年5月7日，住房和城乡建设部在安徽省合肥市召开全国建筑业改革发展暨工程质量安全会议，全面部署行业改革发展。

2014年5月，《住房城乡建设部关于开展建筑业改革发展试点工作的通知》下发，决定在部分省市先行开展建筑业改革发展试点工作，探索一批各具特色的典型经验和先进做法，为全国建筑业改革发展提供示范经验。试点内容包括建筑市场监管综合试点、建筑劳务用工管理试点、建设工程企业资质电子化审批试点、建筑产业现代化试点、建筑工程质量安全管理试点、城市轨道交通建设全过程安全风险控制管理试点等。

2014年7月，指导当前和今后一个时期我国建筑业健康、协调、可持续发展的文件——《住房城乡建设部关于推进建筑业发展和改革的若干意见》发布。其目标是：简政放权，开放市场，坚持放管并重，消除市场壁垒，构建统一开放、竞争有序、诚信守法、监管有力的全国建筑市场体系；创新和改进政府对建筑市场、质量安全的监督管理机制，加强事中事后监管，强化市场和现场联动，落实各方主体责任，确保工程质量安全；转变建筑业发展方式，推进建筑产业现代化，促进建筑业健康协调可持续发展。《若干意见》对深化行业改革提出了具体要求。《若干意见》提出，建立统一开放的建筑市场体系。要进一步放开建筑市场，推进行政审批制度改革，改革招标投标监管方式，推进建筑市场监管信息化与诚信体系建设，进一步完善工程监理制度，强化建设单位行为监管，建立与市场经济相适应的工程造价体系。《若干意见》要求，

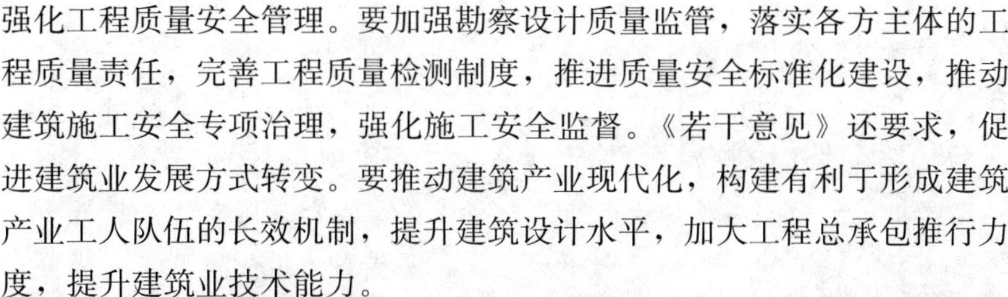

强化工程质量安全管理。要加强勘察设计质量监管，落实各方主体的工程质量责任，完善工程质量检测制度，推进质量安全标准化建设，推动建筑施工安全专项治理，强化施工安全监督。《若干意见》还要求，促进建筑业发展方式转变。要推动建筑产业现代化，构建有利于形成建筑产业工人队伍的长效机制，提升建筑设计水平，加大工程总承包推行力度，提升建筑业技术能力。

《住房城乡建设部关于推进建筑业发展和改革的若干意见》(摘要)

进一步开放建筑市场。各地要严格执行国家相关法律法规，废除不利于全国建筑市场统一开放、妨碍企业公平竞争的各种规定和做法。全面清理涉及工程建设企业的各类保证金、押金等，对于没有法律法规依据的一律取消。积极推行银行保函和诚信担保。规范备案管理，不得设置任何排斥、限制外地企业进入本地区的准入条件，不得强制外地企业参加培训或在当地成立子公司等。各地有关跨省承揽业务的具体管理要求，应当向社会公开。各地要加强外地企业准入后的监督管理，建立跨省承揽业务企业的违法违规行为处理督办、协调机制，严厉查处围标串标、转包、挂靠、违法分包等违法违规行为及质量安全事故，对于情节严重的，予以清出本地建筑市场，并在全国建筑市场监管与诚信信息发布平台曝光。

推进行政审批制度改革。坚持淡化工程建设企业资质、强化个人执业资格的改革方向，探索从主要依靠资质管理等行政手段实施市场准入，逐步转变为充分发挥社会信用、工程担保、保险等市场机制的作用，实现市场优胜劣汰。加快研究修订工程建设企业资质标准和管理规定，取消部分资质类别设置，合并业务范围相近的企业资质，合理设置资质标准条件，注重对企业、人员信用状况、质量安全等指标的考核，强化资质审批后的动态监管；简政放权，推进审批权限下放，健全完善工程建设企业资质和个人执业资格审查制度；改进审批方式，推进电子化审查，加大公开公示力度。

改革招标投标监管方式。调整非国有资金投资项目发包方式，试行非国有资金投资项目建设单位自主决定是否进行招标发包，是否进入有形市场开展工程交易活动，并由建设单位对选择的设计、施工等单位承担相应的责任。建设单位应当依法将工程发包给具有相应资质的承包单位，依法办理施工许可、质量安全监督等手续，确保工程建设实施活动规范有序。各地要重点加强国有资金投资项目招标投标监管，严格控制招标人设置明显高于招标项目实际需要和脱离市场实际的不合理条件，严禁以各种形式排斥或限制潜在投标人投标。要加快推进电子招标投标，进一步完善专家评标制度，加大社会监督力度，健全中标候选人公示制度，促进招标投标活动公开透明。鼓励有条件的地区探索开展标后评估。勘察、设计、监理等工程服务的招标，不得以费用作为唯一的中标条件。

推进建筑市场监管信息化与诚信体系建设。加快推进全国工程建设企业、注册人员、工程项目数据库建设，印发全国统一的数据标准和管理办法。各省级住房城乡建设主管部门要建立建筑市场和工程质量安全监管一体化工作平台，动态记录工程项目各方主体市场和现场行为，有效实现建筑市场和现场的两场联动。各级住房城乡建设主管部门要进一步加大信息的公开力度，通过全国统一信息平台发布建筑市场和质量安全监管信息，及时向社会公布行政审批、工程建设过程监管、执法处罚等信息，公开曝光各类市场主体和人员的不良行为信息，形成有效的社会监督机制。各地可结合本地实际，制定完善相关法规制度，探索开展工程建设企业和从业人员的建筑市场和质量安全行为评价办法，逐步建立"守信激励、失信惩戒"的建筑市场信用环境。鼓励有条件的地区研究、试行开展社会信用评价，引导建设单位等市场各方主体通过市场化运作综合运用信用评价结果。

进一步完善工程监理制度。分类指导不同投资类型工程项目监理服务模式发展。调整强制监理工程范围，选择部分地区开展试点，研究制定有能力的建设单位自主决策选择监理或其他管理模式的政策措施。具有监理资质的工程咨询服务机构开展项目管理的工程项目，可不再委托监理。推动一批有能力的监理企业做优做强。

强化建设单位行为监管。全面落实建设单位项目法人责任制，强化建设单位的质量责任。建设单位不得违反工程招标投标、施工图审查、施工许可、质量安全监督及工程竣工验收等基本建设程序，不得指定分包和肢解发包，不得与承包单位签订“阴阳合同”、任意压缩合理工期和工程造价，不得以任何形式要求设计、施工、监理及其他技术咨询单位违反工程建设强制性标准，不得拖欠工程款。政府投资工程一律不得采取带资承包方式进行建设，不得将带资承包作为招标投标的条件。积极探索研究对建设单位违法行为的制约和处罚措施。各地要进一步加强对建设单位市场行为和质量安全行为的监督管理，依法加大对建设单位违法违规行为的处罚力度，并将其不良行为在全国建筑市场监管与诚信信息发布平台曝光。

建立与市场经济相适应的工程造价体系。逐步统一各行业、各地区的工程计价规则，服务建筑市场。健全工程量清单和定额体系，满足建设工程全过程不同设计深度、不同复杂程度、多种承包方式的计价需要。全面推行清单计价制度，建立与市场相适应的定额管理机制，构建多元化的工程造价信息服务方式，清理调整与市场不符的各类计价依据，充分发挥造价咨询企业等第三方专业服务作用，为市场决定工程造价提供保障。建立国家工程造价数据库，发布指标指数，提升造价信息服务。推行工程造价全过程咨询服务，强化国有投资工程造价监管。

二、强化各方主体责任落实

2014年8月25日，住房和城乡建设部印发《建筑工程五方责任主体项目负责人质量终身责任追究暂行办法》。建筑工程五方责任主体项目负责人是指承担建筑工程项目建设的建设单位项目负责人、勘察单位项目负责人、设计单位项目负责人、施工单位项目经理、监理单位总监理工程师。《暂行办法》规定，建筑工程开工建设前，建设、勘察、设计、施工、监理单位法定代表人应当签署授权书，明确本单位项目负责人。建筑工程五方责任主体项目负责人质量终身责任，是指参与新建、扩建、改建的建筑工程项目负责人按照国家法律法规和有关规定，在工程设计使用年限内对工程质量承担相应责任。《暂行办法》还规定，工程质量终身责任实行书面承诺和竣工后永久性标牌等制度。项目负责人应当在办理工程质量监督手续前签署工程质量终身责任承诺书，连同法定代表人授权书，报工程质量监督机构备案。建筑工程竣工验收合格后，建设单位应当在建筑物明显部位设置永久性标牌，载明建设、勘察、设计、施工、监理单位名称和项目负责人姓名。建设单位应当建立建筑工程各方主体项目负责人质量终身责任信息档案，工程竣工验收合格后移交城建档案管理部门。

为进一步完善建筑工程五方责任主体项目负责人质量终身责任追究制度，加强工程质量安全管理，切实落实质量安全责任，住房和城乡建设部印发《建筑施工项目经理质量安全责任十项规定(试行)》、《建设单位项目负责人质量安全责任八项规定(试行)》、《建筑工程勘察单位项目负责人质量安全责任七项规定(试行)》、《建筑工程设计单位项目负责人质量安全责任七项规定(试行)》、《建筑工程项目总监理工程师质量安全责任六项规定(试行)》。五个规定为工程质量安全责任落实到人、进一步强化质量安全责任追究提供了制度保障。

三、开展工程质量治理两年行动

2014 年 9 月 1 日，住房和城乡建设部印发《工程质量治理两年行动方案》，目标是通过两年治理行动，规范建筑市场秩序，落实工程建设五方主体项目负责人质量终身责任，遏制建筑施工违法发包、转包、违法分包及挂靠等违法行为多发势头，进一步发挥工程监理作用，促进建筑产业现代化快速发展，提高建筑从业人员素质，建立健全建筑市场诚信体系，使全国工程质量总体水平得到明显提升。重点任务是全面落实五方主体项目负责人质量终身责任、严厉打击建筑施工转包违法分包行为、健全工程质量监督监理机制、大力推动建筑产业现代化、加快建筑市场诚信体系建设、切实提高从业人员素质。9 月 4 日，住房和城乡建设部召开电视电话会议，全面部署“工程质量治理两年行动”工作。

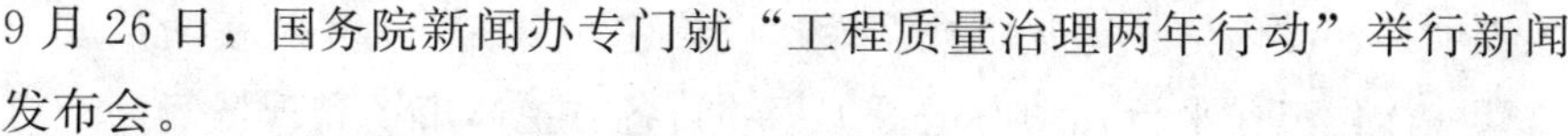

9月26日，国务院新闻办专门就“工程质量治理两年行动”举行新闻发布会。

为有效遏制违法发包、转包、违法分包及挂靠等违法行为，维护建筑市场秩序和建设工程主要参与方的合法权益，住房和城乡建设部发布了《建筑工程施工转包违法分包等违法行为认定查处管理办法(试行)》，明确、细化了违法发包、转包、违法分包及挂靠等违法行为的认定条件、行政处罚及行政管理措施。

工程质量治理两年行动开展以来，住房和城乡建设部要求各地按月报送工程质量终身责任制落实情况，组织开展了一系列督查工作。各地也积极响应，提出切实可行的治理计划，加大监督执法检查力度，保持工程质量治理高压态势，确保工程质量。

四、积极推进建筑市场信息化建设

建筑市场信息化建设是转变监管方式，建立建筑市场诚信体系的重要技术支撑和必要手段。随着工程建设规模的不断扩大，传统的建筑市场监管方式已经难以适应。只有建立建筑市场诚信体系，采用建筑市场信息化监管新模式，依靠以工程项目过程监管为核心，整合相关参与各方从业主体行为，实时记录监管过程信息，才能有效查处和打击建筑市场违法违规行为，弥补市场监管人员不足带来的“监管真空”，确保工程质量安全。加快建筑市场信息化建设，是转变建筑市场监管模式的内生需求，是推进建筑行业改革发展的必由之路。

2014年，住房和城乡建设部积极推进建筑市场监管信息化建设。为加快推进建筑市场监管信息化建设，保障全国建筑市场监管与诚信信息系统有效运行和基础数据库安全，出台《全国建筑市场监管与诚信信息系统基础数据库数据标准(试行)》和《全国建筑市场监管与诚信信息系统基础数据库管理办法(试行)》，要求各省级住房城乡建设主管部门进一步提高对建筑市场监管与诚信信息系统建设重要性、紧迫性的认识，按照该数据标准、管理办法的总体要求，结合本地实际，切实加强组织领导，将建筑市场监管信息化建设作为转变监管思路、完善监管手段的重要工作，在2015年底前完成本地区工程建设企业、注册人员、工程项目、诚信信息等基础数据库建设，建立建筑市场和工程质量安全监管一体化工作平台，动态记录工程项目各方主体市场和现场行为，有效实现建筑市场和施工现场监管的联动，全面实现全国建筑市场“数据一个库、监管一张网、管理一条线”的信息化监管目标。2014 年，已基本实现北京、上海、陕西、安徽、四川、海南、湖南、江苏等首批 8 省市部省建筑市场监管与诚信基础数据的实时互联互通，全国建筑市场信息化建设取得了阶段性成果。

为进一步鼓励各地积极推进建筑市场信息化建设，加大现有基础数据库数据运用，提高本地区乃至全国建筑市场信息化水平，住房和城乡建设部还出台了《关于推进省级建筑市场监管与诚信信息一体化工作平台建设的若干意见的通知》，对通过一体化工作平台验收评估省市的企业，申请建设工程企业资质提交材料进一步简化，取消部中央数据中已有数据的注册人员、工程项目证明材料，下放部分非关键技术指标审查权；简化跨省备案程序，最大限度减少企业跨省备案的材料及不合理的政策壁垒，方便企业跨省经营。

第四章 "新常态"下建筑需求结构及应对策略

一、建筑业发展面临的机遇

(一)"一带一路"建设

1."一带一路"建设促进互利合作

2013年9月和10月，中国国家主席习近平在出访中亚和东南亚国家期间，先后提出共建"丝绸之路经济带"和"21世纪海上丝绸之路"(以下简称"一带一路")的重大倡议，得到国际社会高度关注。

"一带一路"贯穿亚欧非大陆，一头是活跃的东亚经济圈，一头是发达的欧洲经济圈，中间广大腹地国家经济发展潜力巨大。丝绸之路经济带重点畅通中国经中亚、俄罗斯至欧洲(波罗的海)；中国经中亚、西亚至波斯湾、地中海；中国至东南亚、南亚、印度洋。21世纪海上丝绸之路重点方向是从中国沿海港口过南海到印度洋，延伸至欧洲；从中国沿海港口过南海到南太平洋。根据"一带一路"走向，陆上依托国际大通道，以沿线中心城市为支撑，以重点经贸产业园区为合作平台，共同打造新亚欧大陆桥、中蒙俄、中国－中亚－西亚、中国－中南半岛等国际经济合作走廊；海上以重点港口为节点，共同建设通畅安全高效的运输大通道。

共建"一带一路"旨在促进经济要素有序自由流动、资源高效配置和市场深度融合，推动沿线各国实现经济政策协调，开展更大范围、更高水平、更深层次的区域合作，共同打造开放、包容、均衡、普惠的区域经济合作架构。共建"一带一路"致力于亚欧非大陆及附近海洋的互联互通，建立和加强沿线各国互联互通伙伴关系，构建全方位、多层次、复合型的互联互通网络，实现沿线各国多元、自主、平衡、可持续的发展。推进"一带一路"建设既是我国扩大和深化对外开放的需要，也是加强和亚欧非及世界各国互利合作的需要。

2. 基础设施互联互通是“一带一路”建设的优先领域

2015年3月，国家发展改革委员会、外交部和商务部联合发布的《推动共建丝绸之路经济带和21世纪海上丝绸之路的愿景与行动》明确了“一带一路”建设的合作重点是：政策沟通、设施联通、贸易畅通、资金融通、民心相通。其中，基础设施互联互通是“一带一路”建设的优先领域。

《推动共建丝绸之路经济带和21世纪海上丝绸之路的愿景与行动》(摘要)

设施联通。基础设施互联互通是“一带一路”建设的优先领域。在尊重相关国家主权和安全关切的基础上，沿线国家宜加强基础设施建设规划、技术标准体系的对接，共同推进国际骨干通道建设，逐步形成连接亚洲各次区域以及亚欧非之间的基础设施网络。强化基础设施绿色低碳化建设和运营管理，在建设中充分考虑气候变化影响。

抓住交通基础设施的关键通道、关键节点和重点工程，优先打通缺失路段，畅通瓶颈路段，配套完善道路安全防护设施和交通管理设施设备，提升道路通达水平。推进建立统一的全程运输协调机制，促进国际通关、换装、多式联运有机衔接，逐步形成兼容规范的运输规则，实现国际运输便利化。推动口岸基础设施建设，畅通陆水联运通道，推进港口合作建设，增加海上航线和班次，加强海上物流信息化合作。拓展建立民航全面合作的平台和机制，加快提升航空基础设施水平。

加强能源基础设施互联互通合作，共同维护输油、输气管道等运输通道安全，推进跨境电力与输电通道建设，积极开展区域电网升级改造合作。

共同推进跨境光缆等通信干线网络建设，提高国际通信互联互通水平，畅通信息丝绸之路。加快推进双边跨境光缆等建设，规划建设洲际海底光缆项目，完善空中(卫星)信息通道，扩大信息交流与合作。

3. 发挥各地优势参与"一带一路"建设

《推动共建丝绸之路经济带和21世纪海上丝绸之路的愿景与行动》明确了我国各地如何发挥各自优势参与"一带一路"建设，将新疆定位为"丝绸之路经济带核心区"、福建定位为"21世纪海上丝绸之路核心区"。

《推动共建丝绸之路经济带和21世纪海上丝绸之路的愿景与行动》（摘要）

西北、东北地区。发挥新疆独特的区位优势和向西开放重要窗口作用，深化与中亚、南亚、西亚等国家交流合作，形成丝绸之路经济带上重要的交通枢纽、商贸物流和文化科教中心，打造丝绸之路经济带核心区。发挥陕西、甘肃综合经济文化和宁夏、青海民族人文优势，打造西安内陆型改革开放新高地，加快兰州、西宁开发开放，推进宁夏内陆开放型经济试验区建设，形成面向中亚、南亚、西亚国家的通道、商贸物流枢纽、重要产业和人文交流基地。发挥内蒙古联通俄蒙的区位优势，完善黑龙江对俄铁路通道和区域铁路网，以及黑龙江、吉林、辽宁与俄远东地区陆海联运合作，推进构建北京—莫斯科欧亚高速运输走廊，建设向北开放的重要窗口。

西南地区。发挥广西与东盟国家陆海相邻的独特优势，加快北部湾经济区和珠江—西江经济带开放发展，构建面向东盟区域的国际通道，打造西南、中南地区开放发展新的战略支点，形成21世纪海上丝绸之路与丝绸之路经济带有机衔接的重要门户。发挥云南区位优势，推进与周边国家的国际运输通道建设，打造大湄公河次区域经济合作新高地，建设成为面向南亚、东南亚的辐射中心。推进西藏与尼泊尔等国家边境贸易和旅游文化合作。

沿海和港澳台地区。利用长三角、珠三角、海峡西岸、环渤海等经济区开放程度高、经济实力强、辐射带动作用大的优势，加快推进中国(上海)自由贸易试验区建设，支持福建建设21世纪海上丝绸之路核心区。充分发挥深圳前海、广州南沙、珠海横琴、福建平潭等开放合作区作用，深化与港澳台合作，打造粤港澳大湾区。

推进浙江海洋经济发展示范区、福建海峡蓝色经济试验区和舟山群岛新区建设，加大海南国际旅游岛开发开放力度。加强上海、天津、宁波一舟山、广州、深圳、湛江、汕头、青岛、烟台、大连、福州、厦门、泉州、海口、三亚等沿海城市港口建设，强化上海、广州等国际枢纽机场功能。以扩大开放倒逼深层次改革，创新开放型经济体制机制，加大科技创新力度，形成参与和引领国际合作竞争新优势，成为“一带一路”特别是21世纪海上丝绸之路建设的排头兵和主力军。发挥海外侨胞以及香港、澳门特别行政区独特优势作用，积极参与和助力“一带一路”建设。为台湾地区参与“一带一路”建设做出妥善安排。

内陆地区。利用内陆纵深广阔、人力资源丰富、产业基础较好优势，依托长江中游城市群、成渝城市群、中原城市群、呼包鄂榆城市群、哈长城市群等重点区域，推动区域互动合作和产业集聚发展，打造重庆西部开发开放重要支撑和成都、郑州、武汉、长沙、南昌、合肥等内陆开放型经济高地。加快推动长江中上游地区和俄罗斯伏尔加河沿岸联邦区的合作。建立中欧通道铁路运输、口岸通关协调机制，打造“中欧班列”品牌，建设沟通境内外、连接东中西的运输通道。支持郑州、西安等内陆城市建设航空港、国际陆港，加强内陆口岸与沿海、沿边口岸通关合作，开展跨境贸易电子商务服务试点。优化海关特殊监管区域布局，创新加工贸易模式，深化与沿线国家的产业合作。

4.“一带一路”战略带动新一轮投资热潮

我国政府积极推动“一带一路”建设，加强与沿线有关国家的沟通磋商，在基础设施互联互通、产业投资、资源开发、经贸合作、金融合作、人文交流、生态保护、海上合作等领域，推进了一批条件成熟的重点合作项目。强化政策支持，推动亚洲基础设施投资银行筹建，发起设立丝路基金，强化中国一欧亚经济合作基金投资功能。推动银行卡清算机构开展跨境清算业务和支付机构开展跨境支付业务。积极推进投资贸易便利化，推进区域通关一体化改革。

“一带一路”在国家部委和地方也持续推进，出台政策强调交通基础设施建设对于推进“一带一路”战略的先导性作用，明确提出把交通一体化作为先行领域。

2015 年 3 月，国家发展改革委员会、外交部和商务部联合发布的《推动共建丝绸之路经济带和 21 世纪海上丝绸之路的愿景与行动》明确提出，基础设施互联互通是“一带一路”建设的优先领域。

2015 年 5 月，《国家发展改革委关于当前更好发挥交通运输支撑引领经济社会发展作用的意见》将“一带一路交通走廊”作为积极推进的三大战略重大项目之一。《意见》提出，推进互联互通交通基础设施建设。依托京津冀、长江三角洲、珠江三角洲，以沿海港口为节点，构建海上丝绸之路走廊。

“一带一路”战略规划囊括了许多省份，在基础设施建设以及产业发展方面将会给这些地区带来巨大发展机遇。多个省份出台“一带一路”建设实施方案，明确在“一带一路”战略中的定位及发展重点，积极融入“一带一路”建设。借“一带一路”契机，地方正掀起一股投资热潮，因“一带一路”而启动的大规模基础设施建设已开始逐步实施，将为建筑业企业带来更多的市场机遇。

2014 年 5 月，甘肃省委、省政府印发《“丝绸之路经济带”甘肃段建设总体方案》，《总体方案》提出，要充分发挥甘肃省的地理区位、历史文化、资源能源和产业基础等优势，紧紧围绕建设“丝绸之路经济带”甘肃黄金段，着力构建兰州新区、敦煌国际文化旅游名城和“中国丝绸之路博览会”三大战略平台，重点推进道路互联互通、经贸技术交流、产业对接合作、经济新增长极、人文交流合作、战略平台建设等六大工程，进一步提升兰(州)白(银)、酒(泉)嘉(峪关)、金(昌)武(威)、平(凉)庆(阳)、天水、定西、张掖、敦煌等重要节点城市的支撑能力，努力把该省建设成为丝绸之路的黄金通道、向西开放的战略平台、经贸物流的区域中心、产业合作的示范基地、人文交流的桥梁纽带，为实现中华民族的伟大复兴做出积极贡献。

2015 年 4 月 2 日，甘肃省政府印发《丝绸之路经济带甘肃段“6873”交通突破行动实施方案》，决定从 2015 年起，用 6 年时间，举全省之力开展丝绸之路经济带甘肃段"6873"交通突破行动，加快推进丝绸之路经济带甘肃段交通互联互通建设，积极构建"便捷、安全、经济、高效"的省域综合交通运输网络，充分发挥甘肃连接欧亚大陆桥的战略通道和沟通西南、西北的交通枢纽作用。

《丝绸之路经济带甘肃段"6873"交通突破行动实施方案》(摘要)

集中力量开展"6873"交通突破行动，即：从2015年起用6年时间，完成投资8000亿元以上(公路建设5000亿元、铁路建设3000亿元、民航建设400亿元)，建成公路、铁路70000km以上(公路67000km、铁路3400km)，实现全省对内对外公路畅通、铁路连通、航路广通3大突破，从根本上解决交通发展不足的问题。

——公路畅通突破目标。全省骨干公路网全部建成，实现县县通高速、乡镇通国省道、村村通沥青(水泥)路、省际出口公路畅通、口岸公路畅通。

——铁路连通突破目标。贯穿丝绸之路经济带甘肃段的高速铁路基本建成，打造以兰州为中心的国际化、现代化铁路综合交通中心，构建兰州、白银、武威、金昌、张掖、定西、天水等城市同城化格局，形成发达完善的快速铁路运输通道、现代物流运输通道、文化传承旅游运输通道、保障有力的安全运输通道。

——航路广通突破目标。与丝绸之路经济带沿线国家重要节点城市航线开通，与国内省会城市和重要旅游、商贸城市航线直通，实现市州民航全覆盖、县级城市单元覆盖率达到85%。

通过实施"6873"交通突破行动，到2020年达到"三个全面"：

——交通运输骨干网络全面形成。全省国家高速公路网和高速铁路网主骨架全面建成，各市州、所有县区以高速公路连通，主要省级出口畅通，横跨东西、纵穿南北的交通走廊实现畅通，甘肃在国家高速公路网、铁路网中的通道功能和辐射功能显著增强；以兰州中川机场为中心，通达国际、直通省会、连接市州的空中交通网络趋于完善。交通基础设施网络更加完善，各种运输方式衔接更加顺畅，承东启西、互联互通的综合能力全面提升，国际对接中亚、西亚和蒙古国，国内连接中原和东部沿海地区、沟通西北西南，省内通达城乡，具有基础性、战略性、国际性的立体化、开放式综合交通运输骨干网络全面形成。

——交通服务国家战略的能力全面提升。交通运输在促进我省与“一带一路”沿线国家宽领域多层次交流合作、服务新一轮西部大开发战略、提升我省对外开放水平、构建国家向西开放的重要门户和次区域合作战略基地等方面的支撑能力全面提升。

——交通支撑全省经济社会发展的作用全面增强。交通对拉动工业经济投资、提升商贸旅游水平及改善民生、扶贫攻坚等方面的保障支撑作用得到充分发挥，交通网络对促进经济、文化、生态三大平台及新型城镇化建设的引导作用全面增强，交通发展成果惠及更多群众，交通制约经济社会发展的瓶颈因素从根本上突破。

2014年12月，重庆市委、市政府出台《关于贯彻落实国家“一带一路”战略和建设长江经济带的实施意见》。《实施意见》提出，通过提升对外大通道能力和完善内部综合交通网络，着力构建以铁路、水运为骨干，公路为基础，“铁、公、水、空”多种运输方式无缝衔接的综合立体交通网络。形成“一枢纽十四干线”铁路网，总里程达到3000km，在成都、西安、昆明、长沙、郑州等主要对外通道方向上建设高速铁路；高速公路网形成“三环十二射多联线”格局，总里程达到4000km；民航机场形成“一大四小”格局，吞吐能力达到4500万人次，建立起覆盖国内所有省会城市，通达国际五大洲的客运航线网络；水运形成“一干两支”叶脉状航道网络和“三枢纽八重点”现代化港口体系的总体布局，四级以上航道达到1800km，货物通过能力达到2.5亿吨，集装箱900万标箱。

2015年5月，江西省政府发布《江西省参与丝绸之路经济带和21世纪海上丝绸之路建设实施方案》。《实施方案》明确了江西省参与“一带一路”建设的五大主要任务，即推动基础设施互联互通，打造连接

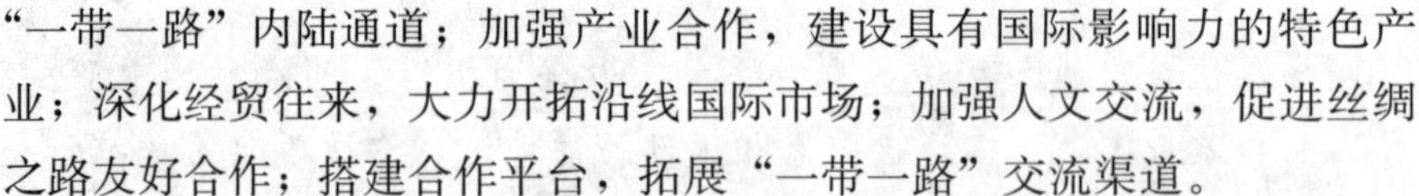

“一带一路”内陆通道；加强产业合作，建设具有国际影响力的特色产业；深化经贸往来，大力开拓沿线国际市场；加强人文交流，促进丝绸之路友好合作；搭建合作平台，拓展“一带一路”交流渠道。

《江西省参与丝绸之路经济带和21世纪海上丝绸之路建设实施方案》(摘要)

推动基础设施互联互通，打造连接“一带一路”内陆通道。

积极谋划与“一带一路”主要沿线国家互联互通路径，加快关键通道和重点工程建设，构建联通内外、安全通畅的对外开放通道。

畅通陆上通道。依托国内现有连接亚欧、泛亚铁路运输通道，加强与湖北、重庆、陕西、新疆等相关省区市合作，加快武九客专、蒙西至华中地区铁路煤运通道等项目建设，进一步打通我省对接中亚、中东欧、欧盟及东南亚的“陆上丝绸之路”通道。积极对接“汉新欧”、“渝新欧”等中欧国际铁路班列，研究建立南昌始发的赣欧(亚)国际铁路货运通道，并积极对接福建货运，力争逐步实现班列化运行。研究推进借道云南、广西连通东盟国家的货运通道。加快完善物流园区、港口、口岸与铁路干线的连接设施。

连接海上通道。依托长江黄金水道，沪昆、京九、向莆、赣龙、鹰厦等出海铁路，以及通达东南沿海高速公路，加强与沿海港口合作，强化铁海联运、陆海联运等作业项目，打通连接“海上丝绸之路”通道。发挥九江城西港启运港优势，加快建设赣鄱高等级航道及集疏运体系，加强九江港与上海洋山港等沿海港口对接，提高江海联运能力。积极开行我省至宁波、厦门、福州、莆田、深圳等沿海口岸的铁海联运班列，促进常态化运行。加快推进赣深客专、合安九客专、渝长厦客专、吉永泉铁路、鹰梅铁路、桂永郴赣铁路等项目建设，拓展出海通道。

构建空中走廊。积极推进“一干九支”机场布局建设，加快形成连接“一带一路”重点地区的高效便捷航空运输网络。大力提升南昌昌北国际机场枢纽地位，改造T1国际航站楼，争取建立昌北国际机场口岸签证(注)点，规划建设中心城区至机场的快速轨道交通，促进南昌临空经济区发展。支持赣州黄金机场申报建设航空口岸，推动赣州黄金机场升级为国际机场。加密南昌至乌鲁木齐、西安、厦门、昆明、南宁等国内干线航班，巩固赣台、赣港航线，拓展东南亚航线，争取开通洲际航线。积极推动中亚、西亚、南亚和东欧航空公司进入我省发展客货运输。

拓宽数字通道。加快电子口岸公共服务平台建设，主动参与长三角、珠三角、海西经济区数字信息平台共建共享，实现省内口岸管理部门、经营单位与沿海、沿边、沿江省份电子口岸的互联互通，推进通关便利化。依托南昌、赣州国家电子商务示范城市，大力发展跨境电子商务，积极培育一批电商综合服务平台，拓宽网上丝绸之路营销渠道。

黑龙江省政府工作报告提出，以贯彻国家"一带一路"战略规划、加快建设"中蒙俄经济走廊"黑龙江陆海丝绸之路经济带为契机，加强对俄全方位交流合作。加大铁路、公路、口岸等互联互通及电子口岸建设力度，推动跨境通关、港口和运输便利化，借助俄远东港口开展陆海联运。推动同江铁路大桥建设，加快黑河公路大桥前期工作，推进黑瞎子岛设立陆路口岸和共同开发规划工作。

(二) 区域一体化及地域振兴发展

随着"一带一路"、推进长江经济带建设、京津冀协同发展等战略的实施，铁路、公路、水利、城市轨道交通、城市管网改造、生态环保等方面的投资将继续加大，城市基础设施和交通基础设施建设规模仍将保持较高的增长速度。

2015年4月30日，中共中央政治局审议通过《京津冀协同发展规划纲要》。《纲要》指出，推动京津冀协同发展是一个重大国家战略，核心是有序疏解北京非首都功能，要在京津冀交通一体化、生态环境保护、产业转移升级等重点领域率先取得突破。京津冀协同发展规划作为国家级区域规划，将带来大量投资，为建筑业发展带来机遇。

2014年8月，《国务院关于近期支持东北振兴若干重大政策举措的意见》发布，提出要规划建设一批重大基础设施工程，缓解发展瓶颈制约。

2014年9月，《国务院关于依托黄金水道推动长江经济带发展的指导意见》发布。《指导意见》提出，发挥长江黄金水道的独特作用，构建现代化综合交通运输体系，推动沿江产业结构化升级，打造世界级产业群，培育具有国际竞争力的城市群。依托长江黄金水道，统筹铁路、公路、航空、管道建设，加强各种运输方式的衔接和综合交通枢纽建设，加快多式联运发展，建成安全便捷、绿色低碳的综合立体交通走廊，增强对长江经济带发展的战略支撑力。“长江经济带”战略的实施将带来大量基础设施建设投资。

（三）新一轮交通基础设施建设

2015年5月，《国家发展改革委关于当前更好发挥交通运输支撑引领经济社会发展作用的意见》印发。《意见》提出，规划指导、落实项目，加强统筹规划和科学论证，围绕解决薄弱环节和“瓶颈”制约，加快推进前期工作，开工建设一批重大项目。需求导向、培育亮点，积极应对市场变化，拓展交通发展新领域，更好地满足多样化运输需求。改革创新、激发活力，优化政府投资，改善政策环境，有效撬动社会资本，保持交通投资稳定增长。

同时，国家出台相关政策，鼓励引入社会资本参与城市基础设施建设投资，推动政府和社会资本合作模式开展基础设施投资，为基础设施投资建设带来活力。2014年11月，国务院印发《关于创新重点领域投融资机制鼓励社会投资的指导意见》，部署激发市场主体活力和发展潜力，稳定有效投资，加强薄弱环节建设，增加公共产品有效供给，促进调结构、补短板、惠民生。《指导意见》针对公共服务、资源环境、生态建设、基础设施等经济社会发展的薄弱环节，提出了进一步放开市场准入、创新投资运营机制、推进投资主体多元化、完善价格形成机制等方面的创新措施。鼓励社会资本投资运营农业和水利工程，推进市政基础设施投资运营市场化，鼓励社会资本加强能源设施投资等，惠及水利

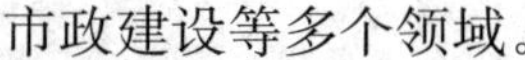

市政建设等多个领域。

长江经济带综合立体交通走廊规划(2014～2020年)(摘要)

铁路规划重点项目

快速铁路： 建设上海至南通、上海经江阴至南京、连云港经扬州至镇江、徐州经淮安至盐城、杭州经长沙至昆明、杭州至黄山、商丘经合肥至杭州、郑州至合肥、合肥至九江、南昌至赣州、赣州至深圳、九江至武汉、武汉至西安、怀化经邵阳至衡阳、重庆至郑州、重庆至贵阳、重庆至昆明、成都至重庆、汉中经巴中至重庆、成都至贵阳、贵阳至南宁等铁路。

普通铁路： 建设衢州经九江、岳阳、常德、黔江、遵义、昭通、攀枝花至丽江，上海至乍浦，南通至启东，庐江至铜陵，六安经安庆至景德镇，鹰潭至梅州，内蒙古西部至华中煤炭运输通道，成都至康定等铁路。实施皖赣、渝怀、成昆等铁路扩能改造。

公路规划重点项目

国家高速公路： 新建桐庐至金华、景宁至泰顺、大丰港至盐城、苏浙界至嘉善、巢湖至庐江、桐城至岳西、利辛至祁门、广德至宁国、歙县至淳安、船顶隘至吉安、南昌至茅店、张家界至武冈、张家界至龙山、湘鄂界至慈利、来凤至咸丰、建始至恩施、黔江至石柱、涪陵至南川、雅安至康定、汶川至马尔康、绵阳至九寨沟、丽江至香格里拉、都匀经安顺至西昌、惠水至罗甸、弥勒至楚雄、新平至临沧等公路，启动井研经攀枝花至丽江公路前期研究。

普通国道： 改扩建G104、G105、G106、G107、G108、G204、G205、G206、G207、G209、G210、G211、G212、G213、G214、G215、G220、G230、G240、G241、G242、G312、G316、G318、G319、G320、G346、G348等普通国道相关路段。

机场规划重点项目

长江下游机场群： 实施上海浦东、南京、合肥、宁波、温州机场扩建工程，新建嘉兴、丽水、芜湖、蚌埠、亳州、宿州、滁州等机场。

长江中游机场群：实施武汉、长沙机场扩建工程，新建上饶、抚州、瑞金、神农架、十堰、荆州、黄冈、衡阳、岳阳、武冈、湘西、郴州、娄底等机场。

长江上游机场群：实施重庆、贵阳机场扩建工程，推进成都新机场建设，新建乐山、红原、甘孜、巴中、阆中、巫山、武隆、六盘水、仁怀、威宁、黔北、罗甸、泸沽湖、红河、沧源、澜沧、元阳、丘北、宣威等机场。

油气管道规划重点项目

依托兰成原油管道、中卫—贵阳天然气管道，配套建设区域干支线、相国寺储气库等。加大西部天然气引入力度，建设西气东输三线、新疆煤制气外输管道等主干管道向长江中游城市群供气支线。建设仪征至长岭原油管道复线，长岭至重庆原油管道，荆门经宜昌至巴东成品油管道及配套设施，中俄东线南段(永清至上海)、青岛至南京、如东经海门至崇明岛等天然气管道及支线，浙江舟山LNG(液化天然气)加注站和江苏金坛、刘庄、淮安储气库。优化布局长江三角洲地区LNG接收站及分销转运站。

综合交通枢纽（节点城市）

建设上海、南京、连云港、徐州、杭州、宁波、合肥、南昌、长沙、武汉、重庆、成都、贵阳、昆明等全国性综合交通枢纽(节点城市)以及南通、芜湖、九江、岳阳、宜昌、泸州等重要区域性综合交通枢纽(节点城市)。

国际通道规划重点项目

建设中缅铁路大理至瑞丽段，中老泰铁路玉溪至磨憨段，中越铁路玉溪至河口段，祥云经临沧至普洱铁路，杭瑞国家高速公路龙陵至瑞丽段，银昆国家高速公路景洪至磨憨段。与中缅油气管道相配套，建设区域干支线及安宁储气库，昆明炼厂成品油外输管道。

国家发展改革委关于当前更好发挥交通运输支撑引领经济社会发展作用的意见（摘要）

加快实施交通重大项目

——积极推进三大战略重大项目

“一带一路”交通走廊。 推进互联互通交通基础设施建设。依托京津冀、长江三角洲、珠江三角洲，以沿海港口为节点，构建海上丝绸之路走廊。

京津冀协同发展交通一体化。 加快北京新机场建设，推进北京至霸州铁路、北京新机场轨道交通快线等配套工程；建设北京至唐山城际铁路，规划研究天津至石家庄、天津至承德铁路，打造“轨道上的京津冀”；建设首都地区环线高速公路，开工国家高速公路“断头路”，改造普通国道“瓶颈路段”。

长江经济带综合立体交通走廊。 推进黄金水道系统治理，开工建设南京以下12.5米深水航道二期工程，加快建设荆江河段航道整治工程，研究三峡水运新通道建设方案，推进长江船型标准化，加强沿江港口集疏运体系建设，重点解决“最后一千米”问题。研究建设沿江高速铁路，建设商丘经合肥至杭州、徐州至盐城等铁路，香格里拉至丽江、六盘水至威宁(黔滇界)等公路。实施武汉、长沙、重庆、贵阳机场扩建，建设成都新机场。

——加快建设中西部（含东北）交通重大项目。 加快中西部干线铁路、普通国省干线公路、支线机场以及西部干线机场建设，重点加强进出疆、出入藏公路和铁路建设。在原有规划通道基础上，建设中西部与东部地区对角连接新通道，沟通西南至华北地区、西北至东南地区。加强中西部地区新通道建设，研究将西北北部出海大通道和沿江综合运输大通道向西延伸。

——推进实施新型城镇化重大项目。 统筹考虑城镇化地区各种交通运输方式合理分工和布局，线网布局最大程度连接城市群区域主要城镇，提供快速度、公交化、大容量运输服务，更好地满足

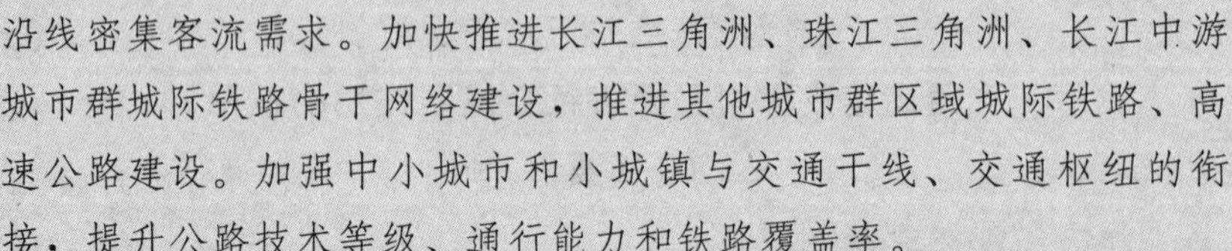

沿线密集客流需求。加快推进长江三角洲、珠江三角洲、长江中游城市群城际铁路骨干网络建设，推进其他城市群区域城际铁路、高速公路建设。加强中小城市和小城镇与交通干线、交通枢纽的衔接，提升公路技术等级、通行能力和铁路覆盖率。

——加强改善民生重大项目

农村交通项目。 实施扶贫开发超常规政策举措，加强贫困地区特别是集中连片特困地区农村交通建设。加快推进建制村通沥青(水泥)路，加强农村公路安保工程建设，强化农村渡口改造和溜索改桥。加强邮政基础设施建设，提升邮政普遍服务能力。

——城市绿色交通项目。 发展多种形式的大容量公共交通，改善慢行交通设施条件，构建以公共交通为主的城市交通出行系统。提升公共交通装备水平，鼓励新能源车辆应用，加快老旧车辆更新淘汰。加强交通综合管理，有效调控、合理引导个体机动化交通需求，倡导绿色出行。

(四) 城市基础设施及城乡危旧房改造

以建设海绵城市，地下综合管廊、进行城乡危旧房改造为代表的新一轮城市基础设施建设改造将全面展开。

1. 海绵城市

海绵城市是指城市能够像海绵一样，在适应环境变化和应对自然灾害等方面具有良好的“弹性”，下雨时吸水、蓄水、渗水、净水，需要时将蓄存的水“释放”并加以利用。

2014年10月，住房城乡建设部发布《海绵城市建设技术指南——低影响开发雨水系统构建(试行)》，旨在指导各地推广和应用低影响开发建设模式，充分发挥城市绿地、道路、水系等对雨水的吸纳、蓄渗和缓释作用，使城市开发建设后的水文特征接近开发前，有效缓解城市内涝、削减城市径流污染负荷、节约水资源、保护和改善城市生态环境。《指南》明确了海绵城市的概念和建设路径，提出了低影响开发的理念、低影响开发雨水系统构建的规划控制目标分解、落实及其构建技术框架。同时明确，海绵城市建设应遵循“规划引领、生态优先、安全为重、因地制宜、统筹建设”的基本原则，统筹建设低影响开发雨水系统、城市雨水管渠系统、超标雨水径流排放系统，从对城市原有生态系统进行保护、生态恢复和修复、低影响开发等方面着手实施。

2015 年 7 月，为科学、全面评价海绵城市建设成效，住房城乡建设部出台《海绵城市建设绩效评价与考核办法(试行)》。根据试行办法，住房城乡建设部负责指导和监督各地海绵城市建设工作，并对海绵城市建设绩效评价与考核情况进行抽查；省级住房城乡建设主管部门负责具体实施地区海绵城市建设绩效评价与考核。海绵城市建设绩效评价与考核，坚持客观公正、科学合理、公平透明、实事求是的原则，从水生态、水环境、水资源、水安全、制度建设及执行情况、显示度 6 个方面，采取实地考察、查阅资料及监测数据分析相结合的方式，分城市自查、省级评价、部级抽查三个阶段进行。

2. 城市地下综合管廊

2014 年 6 月，《国务院办公厅关于加强城市地下管线建设管理的指导意见》提出，稳步推进城市地下综合管廊建设。在 36 个大中城市开展地下综合管廊试点工程，探索投融资、建设维护、定价收费、运营管理等模式，提高综合管廊建设管理水平。通过试点示范效应，带动具备条件的城市结合新区建设、旧城改造、道路新(改、扩)建，在重要地段和管线密集区建设综合管廊。城市地下综合管廊应统一规划、建设和管理，满足管线单位的使用和运行维护要求，同步配套消防、供电、照明、监控与报警、通风、排水、标识等设施。

2015 年 5 月，住房城乡建设部发布《城市综合管廊工程技术规范》GB 50838—2015。规范增加了对综合管廊工程的基本规程内容，明确了给水、雨水、污水、再生水、天然气、热力、电力、通信等城市工程管线采用综合管廊方式敷设的规划规定，增加了雨水、污水、天然气、热力管道采用综合管廊方式敷设时的技术规定及综合管廊配备检修车、管线设计的技术规定。规范适用于新建、扩建、改建城市的综合管廊工程的规划、设计、施工及验收、维护管理。同时明确，综合管廊工程建设应遵循“规范先行、适度超前、因地制宜、统筹兼顾”的原则，充分发挥综合管廊的综合效益。

2015 年 5 月，住房城乡建设部印发《城市地下综合管廊工程规划编制指引》，规范和指导城市地下综合管廊工程规划编制工作。

2015 年 6 月，住房城乡建设部发布《城市综合管廊工程投资估算指标》，推进城市综合管廊工程建设。《指标》由综合指标和分项指标两部分组成。综合指标可应用于项目建议书阶段与可行性研究阶段，作为编制投资估算、确定项目投资额、多方案比选和优化设计的参考依据。分项指标可应用于可行性研究阶段后，当设计建设相关条件进一步明确时，作为估算某一标准段或特殊段费用的参考依据。

2015 年 7 月 28 日召开的国务院常务会议指出，推进城市地下综合管廊建设，是创新城市基础设施建设的重要举措，不仅可以逐步消除“马路拉链”、“空中蜘蛛网”等问题，用好地下空间资源，提高城市综合承载能力，满足民生之需，而且可以带动有效投资、增加公共产品供给，提升新型城镇化发展质量，打造经济发展新动力。各城市政府要综合考虑城市发展远景，按照先规划、后建设的原则，编制地下综合管廊建设专项规划，在年度建设中优先安排，并预留和控制地下空间。同时，在全国开展一批地下综合管廊建设示范，在取得经验的基础上，城市新区、各类园区、成片开发区域新建道路要同步建设地下综合管廊，老城区要结合旧城更新、道路改造、河道治理等统筹安排管廊建设。已建管廊区域，所有管线必须入廊；管廊以外区域不得新建管线。加快现有城市电网、通信网络等架空线入地工程。完善管廊建设和抗震防灾等标准，落实工程规划、建设、运营各方质量安全主体责任，建立终身责任和永久性标牌制度，确保工程质量和安全运行，接受社会监督。鼓励社会资本参与建设和运营，通过特许经营、投资补贴、贷款贴息等方式，鼓励社会资本参与管廊建设和运营管理。入廊管线单位应交纳适当的入廊费和日常维护费，确保项目合理稳定回报。发挥开发性金融作用，管廊建设将列入专项金融债支持范围，支持管廊建设运营企业通过发行债券、票据等融资。

3. 城镇棚户区和城乡危房改造及配套基础设施建设

2015 年 6 月 25 日，国务院印发《关于进一步做好城镇棚户区和城乡危房改造及配套基础设施建设有关工作的意见》(国发 37 号文),进一步推进城镇棚户区和城乡危房改造及配套基础设施建设。《意见》提出了 2015～2017 年"三年计划",改造包括城市危房、城中村在内的各类棚户区住房 1800 万套(其中 2015 年 580 万套),农村危房 1060 万户(其中 2015 年 432 万户),加大棚改配套基础设施建设力度,使城市基础设施更加完备,布局合理、运行安全、服务便捷。

(五)国际工程市场

国际基础设施建设市场仍将保持旺盛需求,各国都把基础设施建设作为刺激经济的重要手段和稳定增长的动力。此外,区域经济一体化进程加快,加强区域基础设施互联互通的跨国跨区域项目不断增多,将给国际承包工程市场带来广阔前景。

国家对企业"走出去"的政策支持力度不断加大。党的十八大报告明确要求"加快走出去步伐,增强企业国际化经营能力,培育一批世界水平的跨国公司"。十八届三中全会提出"必须推动对内对外开放相互促进、引进来和走出去更好结合,促进国际国内要素自由流动、资源高效配置、市场深度融合,加快培育参与和引领国际经济合作竞争新优势,以开放促改革。政府将加快同周边国家和区域基础设施互联互通建设,建立开发性金融机构,推进丝绸之路经济带、海上丝绸之路建设,形成全方位开放新格局。"这些政策措施为企业带来新的发展契机。

我国政府积极倡导的"一带一路"战略,以国家间的互联互通为核心,以基础设施建设为先导,通过"一带一路"战略带动国际通道发展和周边国家互联互通建设。该战略将加强沿线国家基础设施建设规划的对接,逐步形成连接亚洲各次区域以及亚欧非之间的基础设施网络,将成为建筑企业进一步开拓海外市场的重要机遇。

二、管控风险,创新发展

当前,建筑业面临着几个方面的重要变化:一是国家发展形态调整:从高速增长转向中高速增长,从投资作为主要驱动力到协调发挥投资、消费和出口的驱动力;二是建设方式调整:从政府投资发挥重要作

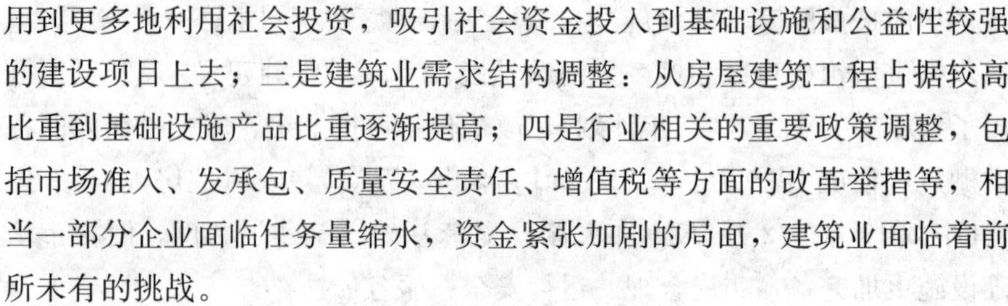

用到更多地利用社会投资，吸引社会资金投入到基础设施和公益性较强的建设项目上去；三是建筑业需求结构调整：从房屋建筑工程占据较高比重到基础设施产品比重逐渐提高；四是行业相关的重要政策调整，包括市场准入、发承包、质量安全责任、增值税等方面的改革举措等，相当一部分企业面临任务量缩水，资金紧张加剧的局面，建筑业面临着前所未有的挑战。

（一）在新的投资需求结构中拓展市场

由房屋建筑领域向基础设施领域转移，是为数众多的勘察设计、建筑业企业面临的艰巨任务。继续在国内外拓展房屋建筑，包括老城区危旧房改造的市场份额，是企业保持稳定发展的应有举措；加强本企业已有的基础建设能力资源，包括资质、人才、市场基础，从相关的基础设施市场中争取尽可能多的任务量；通过利用本企业资金等资源，进入基础设施开发领域，同时争取建设市场份额，也是诸多企业可借鉴的成功经验；通过联合承包、专业分包等方式，积极探索并进入新市场，逐渐积累业绩，也是积极应对之措；结合本地区经济发展，对于新兴战略性产业、有前景的消费服务产业的投资机会加以把握。

（二）在“新常态”下注重差异化竞争

未来的市场竞争将更多地表现为差异化竞争。企业结合市场需求，发掘和维护自己的竞争优势是企业取得可持续发展的关键问题。围绕不同的建筑产品、专业领域、服务模式、专业技术、集成创新等都可以发展出企业独特的竞争优势，在相应领域的成本、效率、质量、满足用户需求方面有过人之处并取得持续的进步，将使企业立于不败之地。

（三）在新的建设融资方式中有所作为

未来的建筑市场竞争是综合能力的竞争。国内外的建设需求还有很大的潜力，相应的资源也非常丰富，有效地组织资源是潜在需求变为现实需求的关键。其中建设融资的重要性对于市场的形成居于首要地位。建筑企业既是新的融资方式的接受者，也应是新的融资方式的主动参与者，甚至可以延伸企业价值链，成为新的融资方式的组织者，有条件的企业应当在此领域有所作为。

（四）在新技术浪潮中创新服务

工业化技术、信息化技术和绿色建造技术正在冲击着传统建筑业。业内一些企业已经通过采用互联网＋技术进行服务模式创新，甚至创造出一些新的业态。BIM技术也使建造过程发生了一些革命性的变化，对于制造、建造和材料工艺的集成创新将使传统建筑业发生巨大变化，迎合新技术浪潮，企业应当敏锐地发现机会，掌握技术，提炼商业模式，创新服务模式，走出与新技术融合的发展之路。

（五）在超常规紧缩和新市场开拓中控制风险

在新形势下，建筑业的经营风险也达到前所未有的高度。市场收紧的资金风险、融投资风险、技术风险、新的服务模式的运行风险、国际市场的政治、经济、社会等风险同时存在。企业必须对风险管控高度重视，进行愈益专业化的管理，有效地风险管控是企业成功运营的基础。

经济放缓、固定资产投资下滑以及劳动力、资源、环境等成本上升，建筑业从要素驱动、投资驱动转向创新驱动，未来的施工行业将以融资能力、项目运营能力、技术能力为核心竞争力。在资本运营、投融资能力、技术应用、项目建设与管理、运营维护等方面综合实力强，注重诚信和品牌建设的建筑企业将逐渐成为市场主导，具备较强的市场优势，占据高端建筑市场。大量技术含量低、资金实力薄弱、劳动力密集、管理粗放的建筑企业的市场空间将不断受到挤压。变革生产方式，优化产业结构，使规模与质量、速度与效益、增长与转型达到新的平衡是每个企业需要交出的答卷。

附录1　2014～2015年建筑业最新政策法规概览

1. 2014年6月25日，住房和城乡建设部颁布《建筑施工企业主要负责人、项目负责人和专职安全生产管理人员安全生产管理规定》(住房和城乡建设部令第17号)。《管理规定》要求，建筑施工企业主要负责人、项目负责人和专职安全生产管理人员(以下合称“安管人员”)应当通过其受聘企业，向企业工商注册地的省、自治区、直辖市人民政府住房城乡建设主管部门(以下简称考核机关)申请安全生产考核，并取得安全生产考核合格证书。安全生产考核不得收费。申请参加安全生产考核的“安管人员”，应当具备相应文化程度、专业技术职称和一定安全生产工作经历，与企业确立劳动关系，并经企业年度安全生产教育培训合格。安全生产考核包括安全生产知识考核和管理能力考核。安全生产考核合格证书有效期为3年，证书在全国范围内有效。安全生产考核合格证书有效期届满需要延续的，“安管人员”应当在有效期届满前3个月内，由本人通过受聘企业向原考核机关申请证书延续。准予证书延续的，证书有效期延续3年。《管理规定》对主要负责人、项目负责人和专职安全生产管理人员的安全责任做出了明确规定。《管理规定》还要求，建筑施工企业应当建立安全生产教育培训制度，制定年度培训计划，每年对“安管人员”进行培训和考核，考核不合格的，不得上岗。培训情况应当记入企业安全生产教育培训档案。建筑施工企业安全生产管理机构和工程项目应当按规定配备相应数量和相关专业的专职安全生产管理人员。危险性较大的分部分项工程施工时，应当安排专职安全生产管理人员现场监督。《管理规定》自2014年9月1日起施行。

2. 2014年6月25日，住房和城乡建设部颁布《建筑工程施工许可管理办法》(住房和城乡建设部令第18号)。《办法》要求，在中华人民共和国境内从事各类房屋建筑及其附属设施的建造、装修装饰和与其配套的线路、管道、设备的安装，以及城镇市政基础设施工程的施工，建设单位在开工前应当依照本办法的规定，向工程所在地的县级以上地方人民政府住房城乡建设主管部门申请领取施工许可证。工程投资额在30万元以下或者建筑面积在300m^{2}以下的建筑工程，可以不申请办理施工许可证。按照国务院规定的权限和程序批准开工报告的建筑工程，不再领取施工许可证。任何单位和个人不得将应当申请领取施工许可证的工程项目分解为若干限额以下的工程项目，规避申请领取施工许可证。《办法》规定了领取施工许可证的条件和程序。《办法》还规定，建设单位应当自领取施工许可证之日起三个月内开工。因故不能按期开工的，应当在期满前向发证机关申请延期，并说明理由；延期以两次为限，每次不超过三个月。既不开工又不申请延期或者超过延期次数、时限的，施工许可证自行废止。《办法》自2014年10月25日起施行。

3. 2014年8月27日，《住房和城乡建设部关于修改＜房屋建筑和市政基础设施工程施工分包管理办法＞的决定》（住房和城乡建设部令第19号）颁布。《决定》将《房屋建筑和市政基础设施工程施工分包管理办法》（建设部令第124号）第十八条修改为："违反本办法规定，转包、违法分包或者允许他人以本企业名义承揽工程的，以及接受转包和用他人名义承揽工程的，按《中华人民共和国建筑法》、《中华人民共和国招标投标法》和《建设工程质量管理条例》的规定予以处罚。具体办法由国务院住房城乡建设主管部门依据有关法律法规另行制定。"同时，将第三条、第十条、第十一条中的"建设行政主管部门"修改为"住房城乡建设主管部门"。《决定》自发布之日起施行。

4. 2015年1月22日，住房和城乡建设部颁布《建筑业企业资质管理规定》（住房和城乡建设部令第22号）。《规定》明确，企业应当按照其拥有的资产、主要人员、已完成的工程业绩和技术装备等条件申请建筑业企业资质，经审查合格，取得建筑业企业资质证书后，方可在资质许可的范围内从事建筑施工活动。建筑业企业资质分为施工总承包资质、专业承包资质、施工劳务资质三个序列。施工总承包资质、专业承包资质按照工程性质和技术特点分别划分为若干资质类别，各资质类别按照规定的条件划分为若干资质等级。施工劳务资质不分类别与等级。

《规定》自2015年3月1日起施行。

5. 2014年7月1日，住房和城乡建设部印发《住房城乡建设部关于推进建筑业发展和改革的若干意见》(建市［2014］92号)。《若干意见》提出了推进建筑业发展和改革的目标：简政放权，开放市场，坚持放管并重，消除市场壁垒，构建统一开放、竞争有序、诚信守法、监管有力的全国建筑市场体系；创新和改进政府对建筑市场、质量安全的监督管理机制，加强事中事后监管，强化市场和现场联动，落实各方主体责任，确保工程质量安全；转变建筑业发展方式，推进建筑产业现代化，促进建筑业健康协调可持续发展。《若干意见》提出，建立统一开放的建筑市场体系。要进一步放开建筑市场，推进行政审批制度改革，改革招标投标监管方式，推进建筑市场监管信息化与诚信体系建设，进一步完善工程监理制度，强化建设单位行为监管，建立与市场经济相适应的工程造价体系。《若干意见》要求，强化工程质量安全管理。要加强勘察设计质量监管，落实各方主体的工程质量责任，完善工程质量检测制度，推进质量安全标准化建设，推动建筑施工安全专项治理，强化施工安全监督。《若干意见》还要求，促进建筑业发展方式转变。要推动建筑产业现代化，构建有利于形成建筑产业工人队伍的长效机制，提升建筑设计水平，加大工程总承包推行力度，提升建筑业技术能力。

6. 2014年7月16日，住房和城乡建设部印发《工程建设工法管理办法》(建质［2014］103号)。《管理办法》规定，工法分为房屋建筑工程、土木工程、工业安装工程三个类别。工法分为企业级、省(部)级和国家级，实施分级管理。《管理办法》要求，工法必须符合国家工程建设的方针、政策和标准，具有先进性、科学性和适用性，能保证工程质量安全、提高施工效率和综合效益，满足节约资源、保护环境等要求。《管理办法》规定了申报国家级工法的条件、程序及申报资料包括的内容。《管理办法》还规定，国家级工法有效期为8年，超出有效期的国家级工法仍具有先进性的，工法完成单位可重新申报。获得国家级工法证书的单位为该工法的所有权人。工法所有权人可根据国家有关法律法规的规定有偿转让工法使用权，但工法完成单位、主要完成人员不得变更。未经工法所有权人同意，任何单位和个人不得擅自公开工法的关键技术内容。各级住房城乡建设主管部门和有关部门应积极推动将技术领先、应用广泛、效益显著的工法纳入相关的国家标准、行业标准和地方标准。企业以剽窃作假等欺骗手段获得国家级工法的，撤销其国家级工法称号，予以全国通报，5年内不受理其申报国家级工法。企业提供虚假材料申报国家级工法，或以剽窃作假等欺骗手段获得国家级工法的，作为不良行为记录，记入企业信用档案。

7. 2014年7月25日，住房和城乡建设部印发“住房城乡建设部关于印发《全国建筑市场监管与诚信信息系统基础数据库数据标准(试行)》和《全国建筑市场监管与诚信信息系统基础数据库管理办法(试行)》的通知”(建市［2014］108号)。《通知》要求，各省级住房城乡建设行政主管部门要进一步提高对建筑市场监管与诚信信息系统建设重要性、紧迫性的认识，按照该数据标准、管理办法的总体要求，结合本地实际，切实加强组织领导，将建筑市场监管信息化建设作为转变监管思路、完善监管手段的重要工作，在2015年底前完成本地区工程建设企业、注册人员、工程项目、诚信信息等基础数据库建设，建立建筑市场和工程质量安全监管一体化工作平台，动态记录工程项目各方主体市场和现场行为，有效实现建筑市场和施工现场监管的联动，全面实现全国建筑市场“数据一个库、监管一张网、管理一条线”的信息化监管目标。《通知》指出，住房和城乡建设部将每半年对各地建筑市场监管信息化和诚信体系建设情况进行一次督查，对建设情况好的进行表扬，对建设不力的予以通报批评。一年内两次被通报的，对省级住房城乡建设主管部门分管负责同志进行约谈。

8. 2014年7月31日，住房和城乡建设部印发《建筑施工安全生产标准化考评暂行办法》(建质［2014］111号)。《暂行办法》规定，建筑施工安全生产标准化考评包括建筑施工项目安全生产标准化考评和建筑施工企业安全生产标准化考评。《暂行办法》要求，建筑施工企业应当建立健全以项目负责人为第一责任人的项目安全生产管理体系，依法履行安全生产职责，实施项目安全生产标准化工作。建筑施工项目实行施工总承包的，施工总承包单位对项目安全生产标准化工作负总责。施工总承包单位应当组织专业承包单位等开展项目安全生产标准化工作。

工程项目应当成立由施工总承包及专业承包单位等组成的项目安全生产标准化自评机构，在项目施工过程中每月主要依据《建筑施工安全检查标准》JGJ 59 等开展安全生产标准化自评工作。对建筑施工项目实施安全生产监督的住房城乡建设主管部门或其委托的建筑施工安全监督机构(以下简称“项目考评主体”)负责建筑施工项目安全生产标准化考评工作。项目考评主体应当对已办理施工安全监督手续并取得施工许可证的建筑施工项目实施安全生产标准化考评。项目考评主体应当对建筑施工项目实施日常安全监督时同步开展项目考评工作，指导监督项目自评工作。项目完工后办理竣工验收前，建筑施工企业应当向项目考评主体提交项目安全生产标准化自评材料。项目考评主体收到建筑施工企业提交的材料后，经查验符合要求的，以项目自评为基础，结合日常监管情况对项目安全生产标准化工作进行评定，在 10 个工作日内向建筑施工企业发放项目考评结果告知书，评定结果为“优良”、“合格”及“不合格”。安全生产标准化评定为优良的建筑施工项目数量，原则上不超过所辖区域内本年度拟竣工项目数量的 10%。项目考评主体应当及时向社会公布本行政区域内建筑施工项目安全生产标准化考评结果，并逐级上报至省级住房城乡建设主管部门。项目竣工验收时建筑施工企业未提交项目自评材料的，视同项目考评不合格。《暂行办法》还要求，建筑施工企业应当建立健全以法定代表人为第一责任人的企业安全生产管理体系，依法履行安全生产职责，实施企业安全生产标准化工作。建筑施工企业应当成立企业安全生产标准化自评机构，每年主要依据《施工企业安全生产评价标准》JGJ/T 77 等开展企业安全生产标准化自评工作。对建筑施工企业颁发安全生产许可证的住房城乡建设主管部门或其委托的建筑施工安全监督机构(以下简称“企业考评主体”)负责建筑施工企业的安全生产标准化考评工作。企业考评主体应当对取得安全生产许可证且许可证在有效期内的建筑施工企业实施安全生产标准化考评。建筑施工企业在办理安全生产许可证延期时，应当向企业考评主体提交企业自评材料。企业考评主体收到建筑施工企业提交的材料后，经查验符合要求的，以企业自评为基础，以企业承建项目安全生产标准化考评结果为主要依据，结合安全生产许可证动态监管情况对企业安全生产标准化工作进行评定，在20个工作日内向建筑施工企业发放企业考评结果告知书，评定结果为“优良”、“合格”及“不合格”。安全生产标准化评定为优良的建筑施工企业数量，原则上不超过本年度拟办理安全生产许可证延期企业数量的10%。《暂行办法》还规定，建筑施工安全生产标准化考评结果作为政府相关部门进行绩效考核、信用评级、诚信评价、评先推优、投融资风险评估、保险费率浮动等重要参考依据。

9. 2014年7月28日，住房和城乡建设部印发《住房城乡建设部关于进一步加强和完善建筑劳务管理工作的指导意见》（建市［2014］112号）。《指导意见》提出，施工总承包、专业承包企业应拥有一定数量的与其建立稳定劳动关系的骨干技术工人，或拥有独资或控股的施工劳务企业，组织自有劳务人员完成劳务作业；也可以将劳务作业分包给具有施工劳务资质的企业；还可以将部分临时性、辅助性或者替代性的工作使用劳务派遣人员完成作业。推行劳务人员实名制管理。《指导意见》规定，建筑施工企业应对自有劳务人员的施工现场用工管理、持证上岗作业和工资发放承担直接责任。按照“谁承包、谁负责”的原则，施工总承包企业应对所承包工程的劳务管理全面负责。建筑施工企业应通过积极创建农民工业余学校、建立培训基地、师傅带徒弟、现场培训等多种方式，提高劳务人员职业素质和技能水平，使其满足工作岗位需求。施工总承包企业对所承包工程项目的施工现场质量安全负总责，专业承包企业对承包的专业工程质量安全负责，施工总承包企业对分包工程的质量安全承担连带责任。《指导意见》要求，各地住房城乡建设主管部门应根据本地区的实际情况，做好实名制管理的宣贯、推广及施工现场的检查、督导工作。积极推行信息化管理方式，将劳务人员的基本身份信息、培训和技能状况、从业经历和诚信信息等内容纳入信息化管理范畴，逐步实现不同项目、企业、地域劳务人员信息的共享和互通。加大对转包、违法分包等违法违规行为以及不执行实名制管理和持证上岗制度、拖欠劳务费或劳务人员工资、引发群体性讨薪事件等不良行为的查处力度，并将查处结果予以通报，记入企业信用档案。有条件的地区可加快施工劳务企业信用体系建设，将其不良行为统一纳入全国建筑市场监管与诚信信息发布平台，向社会公布。

10. 2014年8月4日，住房和城乡建设部印发《建筑工程施工转包违法分包等违法行为认定查处管理办法(试行)》(建市[2014]118号)。《办法》明确了违法发包、转包、违法分包、挂靠等行为的认定条件。《办法》规定，县级以上人民政府住房城乡建设主管部门要加大执法力度，对在实施建筑市场和施工现场监督管理等工作中发现的违法发包、转包、违法分包及挂靠等违法行为，应当依法进行调查，按照本办法进行认定，并依法予以行政处罚，还可以采取行政管理措施。《办法》还规定，县级以上人民政府住房城乡建设主管部门应将查处的违法发包、转包、违法分包、挂靠等违法行为和处罚结果记入单位或个人信用档案，同时向社会公示，并逐级上报至住房城乡建设部，在全国建筑市场监管与诚信信息发布平台公示。

11. 2014年8月25日，住房和城乡建设部印发《建筑施工项目经理质量安全责任十项规定(试行)》(建质[2014]123号)。《规定》明确了建筑施工项目经理的质量安全责任。《规定》要求，建筑施工企业应当定期或不定期对项目经理履职情况进行检查，发现项目经理履职不到位的，及时予以纠正；必要时，按照规定程序更换符合条件的项目经理。住房城乡建设主管部门应当加强对项目经理履职情况的动态监管。

12. 2014年8月25日，住房和城乡建设部印发《建筑工程五方责任主体项目负责人质量终身责任追究暂行办法》(建质[2014]124号)。《暂行办法》规定，建筑工程五方责任主体项目负责人是指承担建筑工程项目建设的建设单位项目负责人、勘察单位项目负责人、设计单位项目负责人、施工单位项目经理、监理单位总监理工程师。建筑工程开工建设前，建设、勘察、设计、施工、监理单位法定代表人应当签署授权书，明确本单位项目负责人。建筑工程五方责任主体项目负责人质量终身责任，是指参与新建、扩建、改建的建筑工程项目负责人按照国家法律法规和有关规定，在工程设计使用年限内对工程质量承担相应责任。《暂行办法》还规定，工程质量终身责任实行书面承诺和竣工后永久性标牌等制度。项目负责人应当在办理工程质量监督手续前签署工程质量终身责任承诺书，连同法定代表人授权书，报工程质量监督机构备案。建筑工程竣工验收合格后，建设单位应当在建筑物明显部位设置永久性标牌，载明建设、勘察、设计、施工、监理单位名称和项目负责人姓名。建设单位应当建立建筑工程各方主体项目负责人质量终身责任信息档案，工程竣工验收合格后移交城建档案管理部门。

13. 2014年9月1日，住房和城乡建设部印发《工程质量治理两年行动方案》(建市［2014］130号)。工程质量治理两年行动的目标是：通过两年治理行动，规范建筑市场秩序，落实工程建设五方主体项目负责人质量终身责任，遏制建筑施工违法发包、转包、违法分包及挂靠等违法行为多发势头，进一步发挥工程监理作用，促进建筑产业现代化快速发展，提高建筑从业人员素质，建立健全建筑市场诚信体系，使全国工程质量总体水平得到明显提升。《方案》确定了重点工作任务：全面落实五方主体项目负责人质量终身责任，严厉打击建筑施工转包违法分包行为，健全工程质量监督、监理机制，大力推动建筑产业现代化，加快建筑市场诚信体系建设，切实提高从业人员素质。

14. 2014年10月24日，住房和城乡建设部印发《房屋建筑和市政基础设施工程施工安全监督规定》(建质［2014］153号)。《规定》明确了施工安全监督机构和施工安全监督人员应具备的条件。《规定》要求，县级以上地方人民政府住房城乡建设主管部门或其所属的施工安全监督机构应当对本行政区域内已办理施工安全监督手续并取得施工许可证的工程项目实施施工安全监督。《规定》还明确了施工安全监督的内容以及监督机构实施工程项目施工安全监督的程序。

15. 2014年10月28日，住房和城乡建设部印发《房屋建筑和市政基础设施工程施工安全监督工作规程》(建质［2014］154号)。《规程》规定，县级以上地方人民政府住房城乡建设主管部门或其所属的施工安全监督机构(以下合称监督机构)对新建、扩建、改建房屋建筑和市政基础设施工程实施施工安全监督的，适用本规程。《规程》要求，工程项目施工前，建设单位应当申请办理施工安全监督手续，监督机构收到建设单位提交的资料后进行查验，必要时进行现场踏勘，对符合要求的，在5个工作日内向建设单位发放《施工安全监督告知书》。监督机构应当根据工程项目实际情况，编制《施工安全监督工作计划》，明确主要监督内容、抽查频次、监督措施等。对含有超过一定规模的危险性较大分部分项工程的工程项目、近一年发生过生产安全事故的施工企业承接的工程项目应当增加抽查次数。已办理施工安全监督手续并取得施工许可证的工程项目，监督机构应当组织建设、勘察、设计、施工、监理等单位及人员(以下简称工程建设责任主体)召开施工安全监督告知会议，提出安全监督要求。监督机构应当委派 2 名及以上监督人员按照监督计划对工程项目施工现场进行随机抽查。监督人员应当依据法律法规和工程建设强制性标准，对工程建设责任主体的安全生产行为、施工现场的安全生产状况和安全生产标准化开展情况进行抽查。工程项目危险性较大分部分项工程应当作为重点抽查内容。监督人员在抽查过程中发现工程项目施工现场存在安全生产隐患的，应当责令立即整改；无法立即整改的，下达《限期整改通知书》，责令限期整改；安全生产隐患排除前或排除过程中无法保证安全的，下达《停工整改通知书》，责令从危险区域内撤出作业人员。对抽查中发现的违反相关法律、法规规定的行为，依法实施行政处罚或移交有关部门处理。《规程》还要求，工程项目完工办理竣工验收前，建设单位应当向监督机构申请办理终止施工安全监督手续，并提交经建设、监理、施工单位确认的工程施工结束证明，施工单位应当提交经建设、监理单位审核的项目安全生产标准化自评材料。监督机构收到建设单位提交的资料后，经查验符合要求的，在 5 个工作日内向建设单位发放《终止施工安全监督告知书》，同时终止对工程项目的施工安全监督。工程项目终止施工安全监督后，监督机构应当整理工程项目的施工安全监督资料，包括监督文书、抽查记录、项目安全生产标准化自评材料等，形成工程项目的施工安全监督档案。工程项目施工安全监督档案保存期限三年，自归档之日起计算。监督机构应当将工程建设责任主体安全生产不良行为及处罚结果、工程项目安全生产标准化考评结果记入施工安全信用档案，并向社会公开。

16. 2014 年 11 月 6 日，住房和城乡建设部印发《建筑业企业资质标准》(建市［2014］159 号)。《标准》将建筑业企业资质分为施工总承包、专业承包和施工劳务三个序列。其中，施工总承包序列设有 12 个类别，一般分为 4 个等级(特级、一级、二级、三级)；专业承包序列设有 36 个类别，一般分为 3 个等级(一级、二级、三级)；施工劳务序列不分类别和等级。《标准》包括建筑业企业资质各个序列、类别和等级的资质标准。《标准》自2015年1月1日起施行。

17. 2015年3月26日，住房和城乡建设部印发《住房城乡建设部关于加强建筑工人职业培训工作的指导意见》(建人[2015] 43号)。《指导意见》提出，到2016年底，一级资质及以上的建筑施工企业实现自有工人全员培训、持证上岗。到2020年，实现全行业建筑工人全员培训、持证上岗。到2025年，基本形成以中级技工为主体，高级技工为骨干，技师、高级技师为龙头，老、中、青比例合理，职业化程度较高的产业工人队伍。《指导意见》规定，建筑施工企业是建筑工人职业培训的主体，应建立健全建筑工人职业培训制度，采取自主培训或委托培训的方式，对企业自有工人进行相应职业培训，严格按要求执行持证上岗。鼓励建筑施工企业通过积极创建农民工业余学校、建立集中培训实训基地、购买社会培训服务等多种形式，提高建筑工人整体素质和技能水平。鼓励行业专业培训机构、职业院校(技师学院、技工学校)和社会团体等教学力量积极参与建筑工人职业培训，按照市场化要求，发挥优势和特色，构建与企业培训基地互为补充的培训网络，扩大建筑工人职业培训的覆盖范围。针对建筑业生产中操作性强、材料消耗大、成本高的岗位或工种，可采取基地集中培训与施工现场培训、分阶段培训与一次性培训、师傅带徒弟与集中辅导、基地或施工现场阶段性测试与模块化考核相结合等灵活多样的形式，将培训、实操训练、考核评价与现场施工结合起来。要充分发挥网络平台作用，有条件的地方应开设网上培训学校，实现优秀培训教育资源共享，不断探索建立高效实用、成本低廉的培训模式。《指导意见》要求，各地区要结合本地实际情况，将持证上岗制度与企业资质管理、招标投标、质量和安全监督、施工现场检查、企业信誉等级、工程评优等行业管理规定和要求结合起来，形成合力，推动建筑工人培训和取得证书。建筑施工企业要依法切实履行职工教育培训和足额提取教育培训经费的责任，确保建筑工人培训经费足额合理使用。各地住房城乡建设主管部门要加强与相关部门的沟通协调，积极争取、充分利用政府财政经费补贴，减轻企业培训考核资金压力，帮助建筑类职业院校(技师学院、技工学校)提升软硬件培训实力。

附录2 贵州省人民政府关于加快建筑业发展的意见

黔府发〔2014〕15号

各市、自治州人民政府，贵安新区管委会，各县(市、区、特区)人民政府，省政府各部门、各直属机构：

建筑业是第二产业的重要组成部分，加快发展建筑业对吸纳农村人口转移就业、促进农民增收、推动关联产业发展、扩大固定资产投资、增加地方财政收入具有十分重要的作用。2010至2013年，我省建筑业增加值年均增长25.6%，占全省生产总值的比重分别为6.2%、6.4%、6.7%、6.9%，已成为全省经济的支柱产业。但我省建筑业企业规模小、资质类别单一、等级低、市场竞争力弱、专业人才匮乏等问题仍然突出，与我省经济社会快速发展的形势不相适应。为适应全省经济社会加快发展的需要，抢抓机遇，进一步推进建筑业持续快速健康发展，特提出以下意见。

一、总体要求、发展目标和发展原则

(一) 总体要求

深入贯彻落实党的十八届三中全会和省委十一届四次全会精神，坚持“多予、少取、放活”，发展壮大建筑业骨干企业，引导社会资金组建中小型建筑业企业，大力发展建筑劳务企业，扩大就业，促进增收，形成建筑业加速发展、蓬勃发展的态势，推动建筑业做大做强、做多做活、做精做专，进一步提升建筑业占全省生产总值的比重，巩固和增强建筑业支柱产业的地位。

(二) 发展目标

产业发展目标。实施建筑业总产值和增加值两个倍增计划，到2017年底，建筑业总产值、增加值在现有基础上翻一番，总产值达到2600亿元以上；增加值达到1100亿元以上，占全省生产总值的8%

以上。

企业培育目标。到2017年底，全省建筑业总承包二级资质企业达到500家以上，建筑业总承包三级资质企业达到1000家以上，建筑劳务企业达到1000家以上；新增建筑业总承包特级资质企业2至3家，全省达到5家以上；新增建筑业总承包一级资质企业20家，全省达到80家以上；重点扶持100个建筑业骨干企业；扶持1至2家大型建筑业龙头企业改制上市。

人才培养目标。实施建筑业人才培养“万千百工程”，提升全省建筑业从业人员技能水平。到2017年底，培养10000名传统建筑工匠、1000名优秀建筑业项目经理、100名优秀建筑业企业家。每年至少有10000名建筑工人通过培训取得建筑行业职业技能岗位证。

（三）发展原则

坚持做多做强。把带动催生一批、做大做强一批企业作为推动建筑业发展的着力点，通过股份合作、合资等多种方式，因地制宜、因业制宜培育一批代表本地本行业技术水平的特色企业，扶持一批代表贵州建筑业实力的企业集团，增强我省建筑业的市场竞争力。

坚持示范带动。每个市(州)明确2至3个县(市、区、特区)作为建筑业发展示范县，100个示范小城镇作为建筑业发展示范镇，打造建筑业强县、强镇。通过示范引领，拉动我省建筑业快速发展。

坚持分类促进。鼓励省内大型建筑业企业集团化发展，扶持引导中小型建筑业企业做专做精，大力发展劳务分包企业，形成总承包、专业承包、劳务分包比例协调、分工合作、优势互补的产业格局。

二、推进建筑业转型发展

（四）做大做强建筑业企业。鼓励建筑业企业跨地区、跨行业、跨所有制采取联合、兼并、重组、股份合作等形式做大做强，形成一批资金雄厚、人才密集、技术先进，科研、设计、采购、施工管理和融资等能力较强的大型建筑业企业。对企业兼并重组所涉及的土地、房产、水、电、通讯、车辆等过户费按规定予以减免。施工企业与房产、设计、规划、监理企业等联合组建建筑业企业集团的，其子公司可继续保留原有企业资质。推动施工总承包向工程总承包转变，大力推行政府投资项目工程总承包。积极支持建筑业企业向房屋建筑、市政、交通、水利、电力、通信等领域全面拓展业务，政府投资项目招投标不得另设法律规定以外的条件。支持建筑业企业“走出去”，与国内外承包商组成联合体，共同承揽工程项目。用足用好国家扶持政策，积极申请国家对外合作专项资金；对年度省外营业额、税收等完成较好的企业，注册地政府可给予奖励。取消建筑业企业资质审批初审环节，住房城乡建设部门按照建筑业企业资质标准直接受理审批。重点扶持的100个建筑业骨干企业参加建设项目招投标，符合条件的优先通过资格预审；注册地税务机关为其提供“一对一”专项服务；支持银行给予其不低于注册资本金10倍的授信额度。

（五）做多做活建筑业企业。支持各类社会经济组织和个人组建中小型建筑业企业，鼓励装饰装修从业人员申办建筑装饰装修工程专业承包资质企业，对新申办资质和资质升级的中小型企业给予政策支持。大力发展工程咨询、勘察、设计、监理、招标代理、造价咨询、工程质量检测等建筑业服务企业。大力推进建筑业企业资质审批权限下放，相应的安全生产许可证审批权限依法下放市(州)及省直管县审批；施工总承包序列三级资质、专业承包序列三级资质、劳务分包序列资质及相应安全生产许可证审批权限依法下放建筑业发展示范县(市、区、特区)审批。中小型建筑业企业在资质范围内承接工程项目，建设单位不得以提高资质要求等方式限制其参与投标，施工总承包三级资质企业可直接承担注册地所在县(市、区、特区)工程招标规模限额以下的项目。鼓励省外建筑业企业在我省设立独立法人分支机构。各地政府可根据中小型建筑业企业纳税额度和解决当地就业人数等情况给予奖励扶持。创新融资性担保方式，支持建筑业企业以建筑材料、工程设备、在建工程和应收账款等作为抵押质押物。鼓励保险机构为建筑业企业开发新型保险产品。鼓励建筑业企业通过股权金融资产交易中心等多层次资本市场挂牌融资，实现企业股权合理转让。支持采用担保函作为建筑业企业保证金，鼓励采用保险方式替代质量保证金，除依法收取的投标保证金、履约保证金、质量保证(保修)金、建设工程务工人员工资支付保障金外，不得收取其他形式的保证金或费用。

（六）做精做专建筑业企业。鼓励二级以上施工总承包企业设立具有独立法人资格的专业承包企业，引导和支持三级施工总承包企业向专业化、技术型专业承包方向发展。积极推动建筑业与建材业相融合，通过模块化设计、工厂化制造、集成化施工，形成建筑工业化生产和施工能力，重点培育一批桥梁、水利、环保、消防、建筑智能化、钢结构、园林绿化、装饰装修等专业承包企业，扶持优秀建筑工匠申办民族建筑、古建筑等特色专业承包企业。加快房屋建筑、市政工程工地特种设备检验检测社会化进程。加大省级科技专项资金对建筑科技的支持，对国家和省级建筑科研开发项目，按规定给予税费优惠支持。对我省建筑业企业从事技术转让、技术开发及相关技术咨询、技术服务业务所取得的收入，免征营业税。

（七）大力发展建筑劳务企业。各地特别是县（市、区、特区）、镇（乡）要结合实际，积极引导组建劳务企业。鼓励大中型建筑业企业在县（市、区、特区）设立劳务基地，引导中小型建筑业企业与省内外大型建筑业企业开展工程分包和劳务协作。全面推行建筑用工实名制管理。规范建筑劳务用工，实行劳务队伍成建制、基地化管理。建立健全建筑劳务用工信息网络和发布机制。建筑劳务企业可享受小微企业扶持政策。可直接承担注册地所在镇（乡）三层以下（含三层）房屋建筑工程，可直接承担注册地所在镇（乡）投资200万元以下的基础设施、公共服务设施和“四在农家·美丽乡村”六项行动计划等建设项目。总承包企业将工程进行分包或劳务分包，全部工程款扣除分包工程承包额后计算缴纳营业税。

（八）强化建筑业人才支撑。建立健全建筑业人力资源培养、激励和管理机制。获得国家工程质量奖、国家级工法或两次以上“黄果树杯”项目的主要专业技术人员，可破格申报工程类相应专业高级技术资格；我省建筑业企业培养、引进的一级和不分级别的工程类国家注册执业资格人员，可享受副高级专业技术人员待遇，可直接申报副高级专业技术职务任职资格，可按照省人才工作领导小组《关于印发〈贵州省高层次人才引进绿色通道实施办法（试行）〉的通知》（黔人领发〔2013〕5

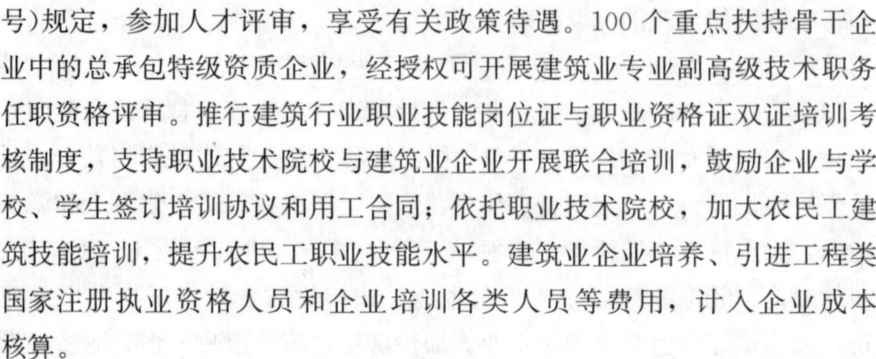

号)规定，参加人才评审，享受有关政策待遇。100 个重点扶持骨干企业中的总承包特级资质企业，经授权可开展建筑业专业副高级技术职务任职资格评审。推行建筑行业职业技能岗位证与职业资格证双证培训考核制度，支持职业技术院校与建筑业企业开展联合培训，鼓励企业与学校、学生签订培训协议和用工合同；依托职业技术院校，加大农民工建筑技能培训，提升农民工职业技能水平。建筑业企业培养、引进工程类国家注册执业资格人员和企业培训各类人员等费用，计入企业成本核算。

三、加快建筑业发展的保障措施

（九）规范建筑市场秩序。建立建筑业信息系统，实现全省建筑市场信息互通、互认、互用。建立建筑业信用评价体系，按照守信奖励、失信惩戒的原则，将信用评价成果与招投标、资质审批、评优评奖、工程担保等挂钩。进一步加强建设工程招投标管理，打击围标、串标、转包、挂靠和低于工程成本报价等违法违规行为。加强建设工程计价定额管理，全面推行工程量清单计价模式，建立定额人工单价动态调整机制。探索建筑工程质量和安全生产责任保险制度，推行建筑意外伤害保险，提高建筑业企业风险防范化解能力。全面推行《建设工程施工合同(示范文本)》GF—2013—0201 中规定的履约、支付双向担保等八项制度。

（十）强化组织领导和激励扶持。建立以省人民政府分管领导为召集人、省有关部门为成员的省加快建筑业发展联席会议制度，负责建筑业发展相关配套政策制定及重大事项决策，及时研究、协调、解决推进过程中存在的困难和问题。各市(州)、贵安新区及各县(市、区、特区)建立相应组织机构，负责本地区建筑业发展推进工作。省人民政府制定推进建筑业发展奖励扶持办法，各市(州)、贵安新区及各县(市、区、特区)建立奖励扶持机制。各市(州)及贵安新区负责组织申报并提出全省 100 个重点扶持建筑业骨干企业建议名单，报省加快建筑业发展联席会议审定后向社会公告。全省 100 个重点扶持建筑业骨干企业名单实行动态管理。

各级政府要高度重视建筑业发展，结合当地实际，认真研究制定建筑业发展规划和加快建筑业发展的政策措施。住房城乡建设部门要加强对建筑业的规划引导、监督管理和协调服务。发展改革、财政、人力资源社会保障、交通运输、水利、税务、工商、金融等部门和单位要积极支持建筑业发展，形成促进我省建筑业发展的整体合力。各市（州）政府、贵安新区管委会和省有关部门要自本意见下发之日起 3 个月内制定配套政策。

贵州省人民政府

2014 年 5 月 9 日

附录3 四川省人民政府关于促进建筑业转型升级加快发展的意见

川府发〔2014〕30号

各市(州)人民政府，省政府各部门、各直属机构：

为抓住我省新型城镇化发展机遇，充分发挥建筑业在推动全省经济发展、吸纳农民工就业等方面的重要作用，现就促进我省建筑业转型升级、加快发展提出以下意见。

一、指导思想和目标任务

（一）指导思想。坚持以科学发展观为指导，加快建筑业结构调整和转型升级，大力推进科技进步和技术创新，更加突出建筑经济发展质量，改进经营管理方式，提高产业集中度，把建筑业打造成为技术先进的现代产业、节能减排的绿色产业和带动力强的支柱产业。

（二）目标任务。到2020年，全省建筑业总产值超17000亿元，比2010年“翻两番”。建筑业增加值超过4000亿元，进入建筑业强省行列；全省特级资质建筑业企业15家，年产值500亿元以上企业5家，300亿元以上企业10家，100亿元以上企业超过15家，四川建筑业企业在省外海外产值占全省建筑业总产值的比例达到30%以上，建筑从业人员600万人。

二、推进产业转型升级

（三）加快推进产业结构调整。鼓励企业通过改组、联合、兼并、股份合作等形式做大做强，加快培育一批资产规模大、经济效益好、管理水平高、核心竞争力强的大型综合性企业集团；支持非公有制建筑企业发展，坚持权利平等、机会平等、规则平等，消除各种隐性壁垒，充分激发非公有制经济活力和创造力；支持地方优势龙头企业加快发展，形成多点多极发展格局；引导中小企业做专做精，培育一批经营特色强、科技含量高、市场前景好的专业企业。支持建筑业企业发挥优势，向上下游产业延伸，形成“突出主业、适度多元”的产业发展格局。交通运输、电力、水利等行业主管部门要大力支持勘察、设计、施工、监理等企业实现多行业发展。

（四）积极推行工程总承包。积极探索推动施工总承包向工程总承包转变，形成设计、采购、施工、试车一条龙的工程总承包服务能力。制定出台适应工程总承包模式的配套政策措施，并适时在政府投资的工程项目中推行工程总承包。

（五）大力发展工程中介服务企业。培育和完善建筑市场中介体系，进一步规范建筑市场中介机构，清理和废除妨碍市场统一和公平竞争的各种规定和行政垄断，促进中介服务企业不断降低服务成本、提高服务质量。鼓励工程咨询、勘察、设计、施工图审查、监理、招标代理、造价咨询、检验检测等中介服务企业联合重组或互补合作，拓宽服务领域。探索创新工程项目管理模式，鼓励具备条件的政府投资项目率先推行全过程工程项目管理。鼓励符合条件的企业以代建的方式参与政府投资项目的建设和管理。

（六）推进建筑工业化。加快推进建筑标准化、工业化和住宅产业化，积极推动建筑业与建材业相融合，通过建材产品与建筑施工标准化结合，实现建材产品模块化设计、工厂化制造、集成化设计，形成建筑工业化生产和施工。支持建筑业企业提高装备水平。建筑业企业引进大型专用先进设备，可享受与工业企业相同的贷款贴息等优惠政策。以节能环保为导向，加快核心、关键技术领域新技术推广应用，积极研发使用新工艺、新技术、新材料和绿色建材，大力发展绿色建筑。

（七）支持发展总部经济区和建筑产业园区。各地要制定引导扶持政策，吸引和推动中央、外省大型建筑业企业在我省设立总部，优先保障企业总部落户所需的生产生活用地。支持中央、外省大型建筑业企业与我省建筑业企业组建联合体，共同参与高端建筑市场竞争。有条件的地方可建立具有区域特色的建筑产业园区，整合装备制造、建材生产、设计咨询、资金物流等要素，引导建筑业企业集聚发展，努力形成建筑经济新的增长极。

三、提升企业综合实力

（八）加强科技创新及应用。加快建立以市场为导向、产学研相结合的技术创新体系，引导企业通过战略合作、校企合作、技术转让、技术参股等方式，加大科技创新力度。鼓励企业编制工程建设标准和施工工法，开发拥有自主知识产权的专利和专有技术。积极推进企业自主创新能力建设，鼓励企业设立技术中心，对认定为国家需要重点扶持的高新技术企业，经企业申请，可减按15%的税率征收企业所得税。企业为开发新产品、新技术、新工艺发生的符合税法规定范围的研究开发费用，未形成无形资产的，在按照规定据实扣除的基础上，可再按研究开发费用的50%在计算应纳税所得额时加计扣除；形成无形资产的，按照无形资产成本的150%摊销。企业因技术创新节约投资或提高效益的，建设单位可给予相应的奖励。

（九）加强人才队伍建设。人力资源社会保障部门要研究出台支持建筑业发展的职称政策，为行业和企业发展提供智力和人才支撑。健全建筑业人才培养和引进机制，推动建筑业企业与专业院校合作，着力培养一批企业领导人才、经营管理人才、专业技术人才和高技能人才，完善建筑业人才评价标准，在职称评审上向在重大项目、重点工程中做出突出贡献的专业技术人员倾斜。加强企业职业教育培训，提高职工综合素质。建筑业企业应按职工工资总额的2.5%足额提取职工教育经费，专款专用。除国务院财政、税务主管部门另有规定外，企业发生的职工教育经费支出，不超过工资薪金总额2.5%的部分，可在企业所得税前扣除；超过部分，准予在以后纳税年度结转扣除。禁止在工程招投标中压减职工教育经费。对获得国家级工程质量奖、国家级施工工法或3项以上“天府杯”金银奖的项目负责人，可不受学历、资历、论文数量等限制，破格申报参评相应专业技术资格。开展建筑企业职工队伍的全员培训和劳动技能竞赛，在建筑施工现场建立农民工业余学校，不断扩大农民工技能培训规模，提高农民工劳动技能水平和综合素质。

（十）创新经营管理模式。鼓励企业开展管理创新，提高集约化、精细化、专业化管理水平。按照现代企业制度要求，完善企业产权制度和法人治理结构，健全激励约束机制，探索管理、技术、资本等要素参与收益分配的有效方式，调动企业经营管理人员、技术骨干的积极性和创造性。改革建筑劳务用工方式，鼓励大型建筑施工企业发展自有的技术骨干工人队伍。推动信息技术与企业管理相融合，加快建立高效的企业信息化管理平台，提高管理效率。

四、加快“走出去”发展步伐

（十一）积极拓展省外海外市场。支持建筑业企业跟踪国内外投资热点，围绕重点区域、重点专业领域和重点工程项目“走出去”发展，拓展市场空间。各级建设主管部门可以依托政府驻外办事机构，与当地构建区域间的协作关系，通过各种方式宣传推荐我省建筑业企业，为企业参与公平竞争、开拓省外市场提供优质服务。鼓励符合条件的我省建筑业企业申报对外承包工程资格和援外成套项目实施企业资格，努力争取国外工程承包和国家援外工程项目，带动我省设计、咨询、施工、监理以及建筑材料、装备制造等企业“走出去”发展。各级住房城乡建设、商务、外事、公安、财政、税务、海关、检验检疫等部门要积极为建筑业企业境外发展做好服务。

（十二）落实扶持政策。积极运用国家对外经济技术合作专项资金、中小企业国际市场开拓资金和四川省外经贸区域协调发展资金，对我省建筑企业开展境外承包工程项目给予重点支持。对建筑业企业承包工程项目避免双重征税，企业所得税按现行国家、省关于跨地区总分机构企业所得税分配及预算管理办法缴纳。各地可结合自身财力状况，安排一定资金支持与鼓励企业承接省外工程项目。对境外承包项目工程项下符合国家出口退税政策的国产设备、原材料出口，及时办理出口退税。鼓励各级金融机构对承包境外工程的建筑业企业实行授信额度差别化管理，对实力强、信誉好的企业承包项目提供人民币中长期贷款、外汇周转贷款。对开展对外承包工程业务的企业在评优晋级方面给予倾斜。评选各类先进时，同等条件下对在境外省外承包工程的企业、项目负责人和项目总监予以优先考虑。境外获得的各项荣誉，在本省参加招投标资格审查时予以优先认可。境外承包工程年完成营业额超 5000 万美元的企业，在资质升级和增项时予以支持。对境外从事工程经营管理的人员，在职称评定、执业资格认定等方面予以支持。

五、提高市场监管水平

（十三）建立健全建设市场信用体系。建立全省统一的建筑业企业、人员和项目管理信息平台，加大工程项目信息公开力度，完善信用信息采集、报送、发布、查询制度，实现全省建设市场信用信息互通、互认、互用。建立信用奖惩机制，将信用信息与招投标、资质审批、评优评奖、工程担保等挂钩，提高失信成本，营造依法守信的建筑市场信用环境。积极培育工程担保市场，加强对担保机构的资信管理，健全担保机构备案、保函等制度，充分发挥工程担保调节和规范市场的作用。

（十四）规范招投标和工程造价管理。进一步加强工程建设招投标监管，完善招投标竞争机制，提倡优质优价和综合最优价中标，引导企业良性竞争。坚决遏制和打击围标串标、转包、挂靠和低于成本价报价等违法违规行为。分行业建立健全统一规范的工程造价信息系统，逐步形成以市场为导向的工程造价机制。

（十五）完善工程质量安全保障体系。严格落实建设、勘察、设计、施工、监理等主体责任，健全工程质量终身负责制，规范执业资格人员从业行为，确保工程质量安全。加快施工现场重大危险源数字化监管系统和施工现场关键岗位人员考核系统建设，大力推进建筑施工企业安全生产标准化建设工作，强化监管队伍建设，提高监管效能。

六、优化建筑业发展环境

（十六）加强组织领导。全省各级人民政府要将建筑业发展纳入经济社会发展规划和年度工作目标，制定落实扶持建筑业发展的具体政策措施。深化行政管理和审批制度改革，减少审批环节、优化审批流程、提高审批效率。各级住房城乡建设行政主管部门要认真制定、落实行业发展规划，加强协调服务和指导；审计机关要加强对各项扶持政策执行情况的监督；各有关部门要按照职责分工，积极支持配合，形成推动建

筑业加快发展的合力。

（十七）加快完善现代市场体系。建设开放有序、公平竞争的建筑市场，破除各种形式的地方保护和行业垄断，着力清除市场壁垒，提高资源配置效率和公平性。

（十八）切实减轻企业负担。建筑业企业将建筑工程分包给其他单位的，以其取得的全部价款和价外费用扣除其支付给其他单位的分包款后的余额为营业额。建筑业企业从事技术转让、技术开发和与之相关的技术咨询、技术服务取得的收入，符合条件的，按规定免征营业税。建筑业企业在境外提供建筑业劳务，暂免征收营业税。行业主管部门应按照国家有关规定明确投标保证金、履约保证金、质量保证(保修)金、农民工工资保证金的比例，任何单位不得擅自设立除此之外的其他保证金，并不得随意提高上述保证金的比例。建筑业企业可采用银行保函和工程担保函作为保证金缴纳形式。建立工程款结算、协调、仲裁和清算约束机制，研究制订年度投标保证金、投标保证金联保、农民工工资保证金区域统筹、保证金信用浮动等制度，减轻企业资金压力。治理规范各类涉企收费、评比达标表彰、向企业要求捐赠和赞助行为，控制各类涉企检查行为。

（十九）维护从业人员合法权益。全面实施劳动合同制度，依法规范建筑业企业用工行为，推行建筑业务工人员实名制。健全建筑业工资保证金制度，完善农民工工资支付保障机制。完善劳务分包制度，将农民工工资与工程材料款相分离，实行农民工工资由总承包企业或专业承包企业直接发放办法。完善建筑施工企业农民工工伤保险办法，探索推行建筑施工企业以工程项目为单位的工伤保险参保缴费方式。积极改善建筑业农民工生产生活条件，推动建筑业农民工向现代产业工人转变。

（二十）加大资金支持力度。对符合政府鼓励引导条件的建筑业企业和项目，在安排产业发展、科技创新与成果转化、外经外贸、节能减排、人才引进与培训等专项资金方面予以扶持。建筑业企业晋升特级、一级资质，创鲁班奖、国家优质工程奖，技术研发中心、发明专利、标准、施工工法获国家认定，在境外承包工程年外汇收入达1000万美元以上或在国内外资本市场成功上市的，各地可制定政策给予激励。

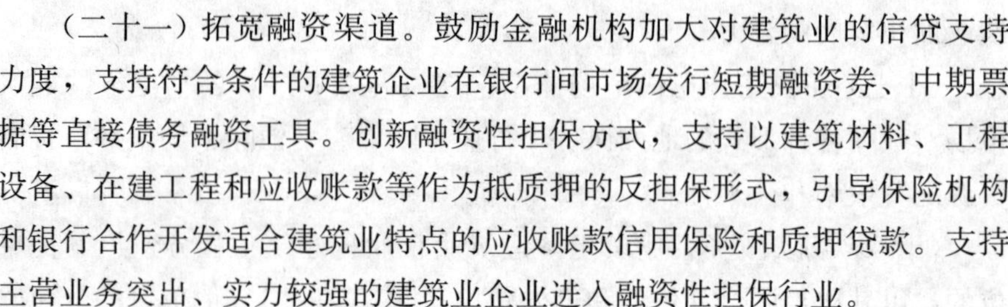

（二十一）拓宽融资渠道。鼓励金融机构加大对建筑业的信贷支持力度，支持符合条件的建筑企业在银行间市场发行短期融资券、中期票据等直接债务融资工具。创新融资性担保方式，支持以建筑材料、工程设备、在建工程和应收账款等作为抵质押的反担保形式，引导保险机构和银行合作开发适合建筑业特点的应收账款信用保险和质押贷款。支持主营业务突出、实力较强的建筑业企业进入融资性担保行业。

四川省人民政府

2014 年 5 月 17 日

附录4　陕西省人民政府关于推进建筑业转型升级加快改革发展的指导意见

陕政发〔2014〕31号

各市、县、区人民政府，省人民政府各工作部门、各直属机构：

建筑业是我省重要的支柱产业和富民产业。为进一步推动建筑业转型升级，加快改革发展，现提出以下指导意见：

一、目标任务

经过5年努力，使我省建筑业产业转型升级进步明显，核心竞争力显著增强，管理水平全面提升。力争新增特级企业2～4家、一级企业150家、全国百强设计企业3家；新创鲁班奖15项，绿色建筑普及率达到40%；年产值超过100亿元的建筑企业达10家以上，全省建筑业年总产值达到7500亿元，勘察设计企业实现产值780亿元，建筑业增加值占全省GDP比重保持在9%以上，省(境)外产值突破2000亿元，主要经济指标位居西部前列。

二、推进建筑业转型升级加快改革发展的政策措施

（一）深化产权制度改革。5年内全面完成市、县(市、区)勘察、设计院(所)事改企工作。大力推进混合所有制经济改革，形成一批产权多元、治理规范的混合所有制企业。鼓励员工持股和技术、管理入股，建立股权激励机制。通过现代信息技术提高决策效率，提升企业现代管理水平。支持民营企业引进人才、提升资质等级，解决民营企业在职称评定、职工培训、融资贷款、招标投标、劳保返还上的渠道不畅通和不平等待遇。

（二）加快培育龙头骨干企业。支持大型工程总承包企业与勘察设计、项目管理、投融资服务等企业联合重组，调整结构，提升企业资质

水平，拓展上下游产业链。引导大型房建企业向航空、矿山等专业领域拓展，占领高端和新兴市场。鼓励优势勘察设计企业转型为具有项目前期咨询、工程总承包、项目管理能力的工程公司。

（三）扶持发展专业承包企业。鼓励施工总承包企业分设具有独立法人资格的专业承包公司，引导二、三级企业积极研发专有技术，走“专、特、精”道路，向特色专业承包方向发展。有关部门要支持企业申办、晋升专业资质，提升进入专业工程市场能力。

（四）大力发展劳务分包企业。住房城乡建设部门要加快制订建筑劳务管理指导意见，建立以市场为导向，以关键岗位自有工人为骨干、劳务分包为主要用工来源、劳务派遣为临时用工补充的成建制用工方式，支持施工总承包和专业承包企业拥有独资或控股的劳务企业，引导实力强的劳务力量组建劳务公司。

（五）积极发展中介服务企业。支持工程监理、招标代理、造价咨询等中介企业通过改制、联合重组或互补合作，提高服务水平和能力，扩大服务领域。鼓励符合条件的中介服务企业以代建方式参与政府投资项目建设，引导建设各方按照自身工程建设需求采购市场中介服务。

（六）推进科技进步和技术创新。住房城乡建设和科技部门制订全省建筑行业科技进步与技术创新规划，统筹推进建筑业科技进步。支持企业与高等院校、科研单位合作，开展建筑产业现代化以及超高、超大型工程和复杂条件下施工技术研究，突破制约建筑业发展的关键技术。培育企业技术研发中心，加快行业标准编制，全面提升建筑业标准化水平。开展地域建筑文化精品工程创作评选，弘扬和传承优秀建筑文化。支持企业以绿色、节能、环保为重点，开展新技术、新设备、新产品、新工艺研发，企业依法享受税收优惠政策。企业引进大型专用先进设备，可享受与工业企业相同的技改项目支持政策。

（七）积极推进建筑产业现代化。省住房城乡建设等有关部门要按照发展绿色建筑的要求制定建筑产业现代化标准、法规和相关配套优惠政策，支持大型集团企业走设计、构配件生产、施工、管理一体化的道路。以住宅建设为重点，以住宅产业化试点示范城市为载体，加快新建政府投资工程和保障性安居工程试点示范，大力推动建筑产业现代化。

（八）加快人才培养和引进。人力资源社会保障、住房城乡建设部门联合制订全省建设人才培养和引进规划，加快复合型、创新型人才和紧缺专业带头人才的培养和引进，适当放宽执业注册人员报考条件。引进人才符合国家“千人计划”和我省“百人计划”的，按规定予以奖励。开展省级勘察设计大师和优秀项目经理评选活动，发挥高端人才的引领作用。对承(参)建工程荣获省级以上优质工程和勘察设计奖的主要人员，优先晋升职称。

（九）大力推进建筑业关键岗位实名制和建筑工人职业化。加强建筑行业从业人员管理，推行施工现场关键岗位人员实名制，强化对施工现场项目部、监理部关键岗位配备和履职监管。维护从业人员合法权益，规范企业用工行为，加强建筑工人技能培训鉴定，健全员工工资正常增长和支付保障机制，严肃查处拖欠农民工工资行为，完善落实工伤、养老保险制度，推进建筑工人职业化。人力资源社会保障、住房城乡建设部门联合制订全省建筑工人技能培训和鉴定规划，健全培训和考核机制。企业要认真落实职工教育培训主体责任，按规定足额提取教育培训经费，专款用于职工教育培训。企业发生的职工教育经费支出，不超过工资薪金总额2.5%的部分，可在企业所得税税前扣除，超过部分准予在以后纳税年度结转扣除。

（十）提升建筑业发展外向度。省住房城乡建设部门要研究制定全省建筑企业省(境)外承包工程扶持政策，支持有条件的银行办理“内保外贷”业务，增强企业对外投(融)资能力。鼓励本省建筑企业、勘察设计企业申报对外承包工程资格、援外项目实施企业资格，进入对外援助勘察设计骨干企业名单，组织本省优势企业与央企、外省大型企业合作，联合开拓省(境)外市场。省住房城乡建设厅要延伸服务，构建服务体系，帮助企业拓展省(境)外业务。

（十一）吸引省外大型建筑企业在陕落户。各市、县(市、区)要制定优惠政策，吸引央企和外省大型创新性建筑企业在陕落户。企业注册所在地政府帮助解决住宅和办公建设用地、职工和家属落户、子女入学及就业等问题。省住房城乡建设、工商、质监等部门在资质等级、营业执照、安全许可等证照办理上简化办事程序。

（十二）支持建筑试点县创建建筑强县。制定《陕西省建筑强县考评办法》，对创建建筑强县成绩突出的县(市、区)予以表彰。省住房城乡建设部门在企业资质审批、人员培训、劳保统筹返还、创优夺杯等方面，对试点县予以重点扶持。建筑试点工作所在市、县政府要制定出台相应的建筑业扶持政策。

（十三）强化质量安全责任，落实优质优价政策。严格落实市场主体质量安全责任，健全质量安全责任追究制度，鼓励企业积极开展创建优质工程、优秀勘察设计奖，全面提高建筑工程质量和安全生产水平。对荣获国家级奖项的境内外工程，由企业注册所在地市(区)政府给予创优企业 100 万元以上奖励。深入开展文明工地创建活动，加大建筑施工扬尘综合治理力度，降低施工扬尘污染。

（十四）构建建筑市场信用体系和动态监管体系。构建全省统一的建筑市场服务监管平台，对在建工程项目、市场各方主体及关键岗位人员实时动态监管，规范市场主体行为。健全市场主体信用档案，建立全省建筑业信用评价体系，推进信用评价结果在资质审批、招标投标和扶持奖励事项中的应用，引导企业诚信守法经营。发挥行业协会作用，强化服务和行业自律，促进建筑业持续健康发展。

（十五）创新招标投标管理。加强国有投资工程招标投标管理，依法进行招标的工程项目全部纳入市场公开发包，严肃查处场外交易。加大资格审查环节的监管力度，严格控制招标人设置明显高于招标项目实际需要和脱离市场实际的不合理条件，严禁各市县以自行设立投标备案等形式排斥限制潜在投标人投标。加快电子招投标进程，改革非国有投资项目发包方式，强化建设单位责任。

（十六）清理规范涉企保证金、押金。全面清理全省涉及建筑业企业各类保证金、押金，各部门自行设立的保证金、押金一律取消。有法定依据的保证金、押金的收取应与企业诚信评价挂钩，实施差别化管理，根据企业诚信评价分别采取免缴、少缴和保函担保，对诚信记录较差的企业上调缴纳额度。保证金、押金到期后应及时返还企业，不得以各种理由扣押不还。

（十七）全面推行银行保函和诚信担保。对工程投标保证金、履约保证金、质量保证金全面推行银行保函，支持大型建筑企业以资产为纽带，成立工程建设诚信担保公司，开展建设工程类履约担保业务。凡要求承包人提供履约担保的建设项目，发包人应向承包人提供工程款支付担保。凡提供银行保函和诚信担保的，各有关企业、部门不得拒收。省金融、住房城乡建设、人力资源社会保障、安全监管等部门要完善配套管理制度，创新监管模式，培育和引导担保市场健康发展，减轻企业负担。

（十八）强化业主行为监管，制止拖欠工程款行为。加强对业主执行法定建设程序和工程款结算的监管力度，坚决制止拖欠工程款现象。业主应严格按照相关法律法规办理建设审批手续，并按施工进度拨付工程款，项目竣工验收后应及时办理工程款结算结付手续。

三、健全保障机制，促进建筑业健康发展

（十九）加强组织领导。各级政府要定期分析建筑业改革发展形势，研究解决建筑业发展面临的难题，要将建筑业发展纳入国民经济社会发展规划，加强目标考核，制定落实本级扶持政策。

（二十）加大支持力度。各级政府在安排产业扶持有关专项资金时要向建筑业倾斜，支持建筑业技术创新、人才引进以及产业园区建设，促进全省建筑业快速发展。省级有关部门要整合资源，加强协调配合，简化下放行政审批权限，方便服务企业。省上对新晋升特级企业、设计百强企业和获得鲁班奖、优质工程奖的企业和项目给予适当奖励。各地、各有关部门要依据指导意见逐条对照，将相关政策落实到位。住房城乡建设、统计部门要加强统计信息交流和数据衔接工作，健全建筑业统计报表制度，准确反映建筑业发展状况。

陕西省人民政府

2014 年 9 月 17 日

附录5　吉林省人民政府关于加快发展建筑支柱产业的意见

吉政发〔2014〕42号

各市(州)人民政府，长白山管委会，各县(市)人民政府，省政府各厅委办、各直属机构：

为贯彻落实党的十八届三中全会和省委十届三次会议精神，加快经济转型升级和产业结构调整，充分发挥建筑业的支柱产业作用，使我省早日跨入建筑大省行列，现就加快发展建筑支柱产业提出以下意见：

一、总体思路

坚持以市场为导向，以产业结构调整和转型升级为主线，以深化体制机制改革为重点，以扩大规模总量、提升发展质量为核心，着力提高我省建筑业核心竞争力和可持续发展能力，努力实现行业发展方式由传统建筑产业向现代建筑产业转变，政府管理模式由行业管理向扶持企业发展转变，企业经营战略由单一经营向多业并举、多元化发展转变，促进全省经济社会持续健康发展。

二、发展目标

到2020年，实现以下目标：

（一）产业规模不断壮大。全省建筑业完成产值6000亿元，年增速保持15%以上。

（二）经济效益不断提高。全省建筑业实现上缴地方税金330亿元，占地方财政收入比例进一步提高。

（三）建筑企业较快发展。全省建筑业企业总量超过5000户。其中，特级资质企业达到8户，一级资质企业达到150户。年产值超100亿元企业5户，年产值超50亿元企业30户。

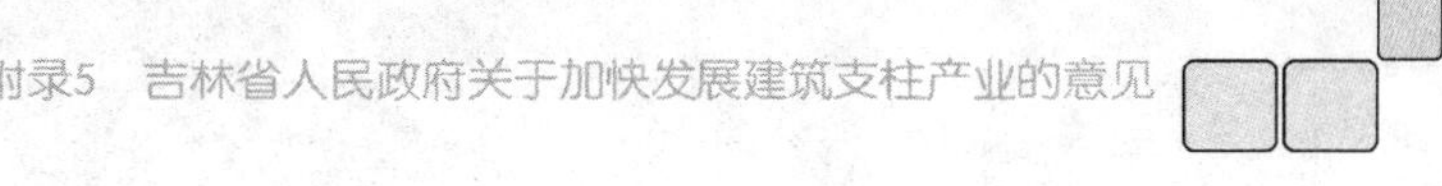

（四）产业员工队伍不断壮大。全省建筑业从业人员达到150万人，年平均新增就业人员8万人。

三、重点任务

（一）构建科学发展格局。到2020年，形成一个建筑强市（长春市），建筑业产值达到3000亿元；发展三个建筑大市（吉林市、通化市、松原市），建筑业产值分别超过500亿元；发展七个建筑优市（延边州、四平市、辽源市、白城市、白山市、梅河口市、公主岭市），建筑业产值分别超过100亿元；打造四个建筑大县（九台市、延吉市、东丰县、前郭县），产值分别超过50亿元；培育两个建筑劳务大市（松原市、白城市）。

（二）推动产业转型升级。扩大产业规模，推进转型升级。到2020年，发展3～5个集开发、生产、施工、运营服务等于一体的综合性、全产业链企业集团。建设3～5个国家住宅产业化（建筑产业现代化）基地，培育长春市、吉林市成为国家住宅产业化试点城市，引领我省建筑产业转型升级。

（三）推进企业优化重组。支持建筑业企业跨行业、跨地区、跨企业优化重组；支持房屋建筑、市政、交通、铁路、水利、电力、通信等企业跨行业融合发展。到2020年，形成30户以上资金雄厚、人才密集、技术先进、竞争力强的大型综合性建筑业企业集团，发挥骨干企业示范带动作用。

（四）引进外埠企业入吉。各市（州）、县（市）政府要制定优惠政策，积极引进中直、省外大型建筑业企业来我省设立总部；鼓励中直、省外大型建筑业企业在我省设立子公司，支持其通过将母公司产值、业绩、人员划转我省，提升资质等级，成为在我国东北地区的中心公司。到2020年，引进设立总部建筑业企业3户，设立子公司建筑业企业400户以上。

（五）实施“走出去”战略。为出省建筑业企业搭建市场开拓、经营与合作平台，支持我省汽车、石化等优势行业带动设计、施工、监理等建设工程企业拓展省外市场。鼓励本省企业通过股份合作、项目合作等方式走出去。鼓励本省企业与中直、省外大型建筑业企业联合开拓市场。到2020年，本省企业省外建筑业产值达到当年全省建筑业产值的35%以上。

（六）建立完善诚信体系。建立全省统一的建筑市场监管与诚信一体化平台，建立健全企业、人员、项目、诚信信息等基础数据库，加快建筑业诚信体系建设，开展企业信用等级评定，对于不同信用等级的企业，实行差异化管理。探索建立项目法人诚信评估制度，对诚信缺失的项目法人予以公开曝光。到2020年，实现全省建筑市场信息互联、互通、共享，全面建立守信激励和失信惩戒的建筑市场诚信体系。

四、政策措施

（一）促进行业转型升级。支持两个以上低资质建筑业企业联合组建资质等级更高、规模更大、竞争力更强的企业集团，可保留原有建筑业企业资质，共享业绩和人力资源。推动建筑业企业向上下游延伸产业链，具备条件的给予工程总承包、项目管理、房地产开发等市场准入资格。大力发展城市轨道交通、隧道、机场、环保等高端专业承包企业，提高专业领域竞争能力。支持企业建立国家和省级技术中心，发展绿色施工技术，企业可从工程结算中提取1%～2%，作为成本纳入企业技术进步发展专项资金。对因技术创新节约投资或提高效益的，建设单位应按合同约定比例给予奖励。充分发挥建筑业的拉动作用，带动建筑装备制造业等相关产业发展。加快推进住宅产业化，对装配率达到一定比例的住宅产业化试点项目，省级财政安排资金予以支持。对产业化企业自行生产部品构件、装配施工的项目，只缴纳营业税，部品构件不另行征税。

（二）扶持企业立足本省市场。各级政府要建立重点扶持建筑业企业名录制度，实行一对一、点对点包保扶持。对年产值全省排名前30的建筑业企业，由省级包保，在资质升级(增项)、财税支持、项目建设、开拓市场等方面重点扶持。各市(州)、县(市)要根据本地实际情况，确定重点扶持建筑业企业，给予包保扶持。重点扶持企业优先参与国有资金投资(含以国有资金投资为主)的重点建设项目、标志性工程及隧道、桥梁、轨道交通等基础设施项目投标，类似业绩不作否定条件，同等条件优先考虑。对我省企业暂不具备施工能力的领域，鼓励外埠建筑业企业与本省建筑业企业联合投标，带动本省建筑业企业发展。

（三）实施“引进来”、“走出去”发展战略。对在我省设立总部的中直、省外特级资质、一级资质建筑业企业，优先保障企业总部落户所需的生产生活用地。支持本省建筑业企业申请对外承包工程资格，支持对外承包工程企业申报外经贸发展专项资金、对外承包工程保函风险专项资金等国家扶持政策。对省外承包工程年营业额达到5亿元以上的建筑业企业或单个工程合同额达到1亿元以上的较大项目，在金融授信、资质升级（增项）、人员管理等方面给予优先支持。省内建筑业企业在境外提供建筑业劳务暂免征收营业税。

（四）探索推进工程总承包新路子。国有资金投资（含以国有资金投资为主）的建设项目，应当公开招标，评标办法一般应采用综合评标法，承包方式应采用施工总承包方式，总承包单位资质范围内的工程项目，应由总承包单位承担。建设单位不得违法肢解分包工程，不得直接指定分包工程承包人或工程所需材料供应厂商。除有特殊要求外，建设单位不得供应工程所需材料。鼓励企业由施工总承包向工程总承包转变，形成设计、采购、施工、运行一条龙的工程总承包服务能力。有条件的项目应采用工程总承包或实行全过程项目管理。鼓励有条件的企业以代建方式参与政府投资项目的建设和管理。工程总承包合同中涵盖的设计、施工业务，可以不再通过公开招标方式确定分包单位。

（五）强化施工现场标准化管理。将施工现场标准化管理达标考核结果，作为资质管理、信用评定及评先选优的重要条件。对获评省级标准化管理示范工地的，安全文明施工费按照合同约定，可在取费基础上增加5%～8%。对获评市级标准化管理示范工地的，安全文明施工费按照合同约定，可在取费基础上增加3%～5%。对一年内同一工地两次考核不合格或有两个以上整改后仍不合格工地的建筑业企业，将建筑业企业及项目经理记入不良行为记录，重新审查建筑业企业工程质量和安全生产条件，审查期间企业不得再承揽新的工程，禁止上述建筑业企业和人员参加年度评优评奖。

（六）实行优质优先、优质优价政策。在我省注册的建筑业企业，获得国家、省级优质工程、省级标准化管理示范工地的，对获奖工程的项目经理，在招投标中予以加分。获得国家、省级优质工程的，发包方应按合同约定给予承包方一定比例的奖励。优质优价奖励计入招标控制价和工程造价。具体政策由省住房城乡建设部门制定。

（七）实施优惠的税收政策。建筑业企业按规定将建筑工程分包给其他单位的，以其取得的全部价款和价外费用扣除其支付给其他单位的分包款后的余额计算缴纳营业税。对新办民营建筑业企业，报经主管税务机构批准，两年内免征房产税和土地使用税。建筑业企业从事技术转让、技术开发和与之相关的技术咨询、技术服务取得的收入免征营业税。对企业的技术转让所得，在一个纳税年度内不超过500万元的部分，免征企业所得税；超过500万元部分，减半征收企业所得税。对认定为高新技术企业的建筑业企业，减按15%的税率征收企业所得税。跨地区经营建筑业企业应按照总机构企业所得税归属的征收管理机关，向项目所在地相应的主管地税机关或者国税机关预缴企业所得税。各级税务部门要简化流程，加强对建筑业企业“营改增”改革的指导和服务。

（八）加大财政和金融支持力度。各级政府要建立激励机制，加大扶持建筑业发展的资金投入，奖励发展快、贡献大的建筑业企业和个人。推动银企合作，省属商业银行对信用评定优良的省内建筑业企业，在授信额度、质押融资、贷款发放等方面给予支持。特别是对出省建筑业企业，要给予增加贷款额度，降低贷款利率，延长还贷期限等优惠。支持建筑业企业以建筑材料、工程设备、在建工程和应收账款作为抵押物，为贷款融资提供担保；支持建筑业企业引进大型专用先进设备，给予贷款利率优惠。对本省建筑业企业在省外中标1亿元以上的项目，根据需要提高授信额度或给予贷款利率优惠等支持。

（九）全面推行工程担保制度。投标、履约、工程款支付、农民工工资、质量保证金等各类性质的保证金，优先采用工程建设担保机构担保或银行保函等方式，研究制定年度投标保证金、农民工工资保证金区域统筹、保证金信用浮动等制度，减轻企业资金压力。工程建设担保机构由省住房城乡建设部门会同有关部门认定并定期向社会公布。担保费用可按照企业信用评定等级实行差异化费率。省属商业银行可依据信用等级情况，降低为信用等级良好的建筑业企业开具保函的条件，降低保证金及手续费收取标准。建立“双向担保”制度，发包人要求承包商提供履约担保的，应对等提供支付担保。

（十）切实减轻企业负担。建立工程款结算、协调、仲裁和清算约束机制，规范工程结算，发承包双方要严格按国家规定时间完成竣工结算。国有资金投资(含国有资金投入为主)项目，财政评审单位要按规定时间及时进行项目概(预)算结(决)算评审，审计机关的审计结论不作为工程结算依据。非国有资金投资(含非以国有资金投入为主)项目，发承包双方任何一方，未经对方同意，不得就已生效的竣工结算文件委托工程造价咨询机构重复审核。规范保证金管理，各类保证金收取单位必须按规定时限及时返还保证金。规范建筑市场管理，发包方应按合同约定和工程形象进度按时足额拨付工程款，任何部门和机构不得擅自设立从业许可，不得擅自增加办事条件，不得搭车收费，不准违规对企业进行封账、封户，不得违背政策规定进入施工现场检查。

（十一）加快建筑业人才培养。多渠道、多层次培育和引进人才，打造以高级管理人才、专业技术人才、大批技术工人为主体的人才队伍。鼓励企业经济技术管理人员参加执业资格考试，对取得执业资格人员，在职称评聘过程中给予优先考虑。加强建设行业职业教育，支持省内建设类职业院校发展，打造高水平职业教育基地，优化劳务基地布局，相关资金要向建筑劳务人员培训倾斜，鼓励大型企业建立农民工夜校，推进以工代训的培训方式，形成全省统一开放、合理流动的建筑劳务市场。加强对建筑业从业农民工的公共服务和权益保障工作，推动农村富余劳动力向建筑业有序转移。

（十二）优化建筑业发展环境。建立统一开放、竞争有序的建筑市场，破除地方保护、部门分割和行业垄断，着力清除市场壁垒，提高资源配置效率和公平性。实行层级竞争，特级资质施工总承包企业，应当承担施工单项合同额3000万元以上的房屋建筑工程；一级资质施工总承包企业，应当承担施工单项合同额1000万元以上的房屋建筑和市政

公用工程，为中小企业留出发展空间，促进大、中、小企业均衡发展。完善建筑市场准入清出机制，健全信用奖惩机制，将信用信息作为招投标、资质管理、工程担保、评先选优的重要依据，营造公平的市场发展环境。

（十三）加强工程质量安全监管。深入开展工程质量治理工作，规范建筑市场秩序，落实工程建设“五方”主体项目负责人质量终身责任，遏制建筑施工违法发包、转包、违法分包及挂靠等违法行为多发势头。建立项目负责人终身质量信息档案，推行质量终身责任承诺和竣工后永久性标牌制度，加大质量安全责任追究力度，在守住工程质量安全底线的基础上，使全省工程质量安全生产水平得到明显提升。

五、组织保障

（一）加强组织领导。各级政府要高度重视建筑业发展，把建筑业发展列入重要议事日程，尽快制定支持建筑业发展的实施意见，完善配套政策，建立部门联动机制，加强机构建设，为建筑业发展提供有力保障。

（二）实施目标考核。将建筑业发展指标纳入省政府对市（州）、县（市）政府目标责任考核，市、县级政府主要领导作为第一责任人。同时，对各市（州）、县（市）建筑业指标完成情况定期进行通报。

（三）加强基础工作。各级统计、住房城乡建设部门要密切配合，加强建筑业统计工作，理顺建筑业统计及信息入库渠道，将具备条件的建筑业企业全部纳入统计口径，为建筑业发展提供科学依据。进一步加强舆论宣传工作，营造支持建筑业发展的良好环境。

吉林省人民政府

2014 年 11 月 21 日

附录6 部分国家建筑业情况

法国、德国、英国和日本建筑业增加值及其在GDP中的比重　　附表1

	法国		德国		英国		日本	
	建筑业增加值（十亿欧元）	占GDP比重（%）	建筑业增加值（十亿欧元）	占GDP比重（%）	建筑业增加值（十亿英镑）	占GDP比重（%）	建筑业增加值（十亿日元）	占GDP比重（%）
2009	110.00	5.67	93.56	3.81	82.57	5.57	26900	5.71
2010	109.00	5.45	102.00	3.96	83.87	5.38	26200	5.43
2011	111.00	5.39	109.00	4.04	86.79	5.37	26500	5.62
2012	115.00	5.5	111.00	4.04	83.22	5.03	26700	5.64
2013	114.00	5.39	115.00	4.09	85.88	5.01		

数据来源：National Accounts Official Country Data，United Nations Statistics Division

2012～2014年法国和德国营建产出及其增长率(2010年＝100)　　附表2

	法国		德国	
	营建产出	同比增长率	营建产出	同比增长率
2012/1	99.10	−2.37	107.60	5.00
2012/2	85.20	−15.08	97.80	−10.70
2012/3	98.10	0.00	112.40	5.50
2012/4	97.40	−0.31	106.00	−0.90
2012/5	97.50	−1.52	107.20	−1.00
2012/6	97.70	2.74	106.40	0.80
2012/7	98.40	1.55	107.60	0.20
2012/8	97.80	−0.41	105.50	−0.80
2012/9	96.90	−0.62	107.10	0.80
2012/10	97.00	0.21	105.70	−2.40
2012/11	97.20	−1.62	105.00	−4.40

续表

	法国		德国	
	营建产出	同比增长率	营建产出	同比增长率
2012/12	98.60	1.14	102.40	−4.20
2013/1	90.10	−9.10	103.00	−6.20
2013/2	93.00	9.18	102.20	6.10
2013/3	92.40	−5.71	98.50	−12.90
2013/4	94.00	−3.60	105.90	0.00
2013/5	93.80	−3.90	105.50	−1.50
2013/6	94.20	−3.59	106.70	0.20
2013/7	94.50	−4.07	108.50	1.00
2013/8	94.60	−3.37	108.00	2.20
2013/9	94.70	−2.37	107.30	0.10
2013/10	93.40	−3.82	106.00	0.20
2013/11	93.20	−4.02	107.00	1.60
2013/12	93.90	−3.98	109.30	5.80
2014/1	92.10	2.22	111.50	13.60
2014/2	92.60	−0.43	114.30	16.50
2014/3	92.00	−0.65	110.60	13.10
2014/4	91.50	−2.67	109.50	3.50
2014/5	90.40	−3.53	106.20	0.70
2014/6	90.70	−3.62	107.70	0.90
2014/7	90.00	−4.56	107.80	−0.30
2014/8	91.50	−3.28	106.80	−1.10
2014/9	88.20	−6.87	106.20	−0.90
2014/10	88.50	−5.15	106.80	0.60
2014/11	87.40	−6.12	106.90	−0.20
2014/12	87.50	−6.91	106.60	−2.50

数据来源：Wind资讯

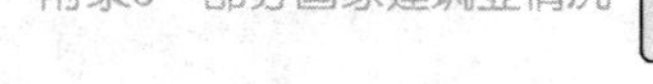

2005～2014 年美国新建筑完工量价值(单位：十亿美元)　附表 3

	新建筑完工量价值	公共部门新建筑完工量价值	公共部门新建筑完工量价值占比	私人部门新建筑完工量价值	私人部门新建筑完工量价值占比
2005	1104.14	234.16	21.21%	869.97	78.79%
2006	1167.22	255.38	21.88%	911.83	78.12%
2007	1152.35	289.07	25.09%	863.27	74.91%
2008	1068.43	308.73	28.90%	759.69	71.10%
2009	904.93	314.89	34.80%	590.03	65.20%
2010	806.03	303.96	37.71%	502.07	62.29%
2011	788.34	286.40	36.33%	501.93	63.67%
2012	861.24	279.31	32.43%	581.93	67.57%
2013	910.76	269.61	29.60%	641.14	70.40%
2014	960.58	273.93	28.52%	686.64	71.48%

数据来源：CEIC 全球数据库

2008～2012 年美国建筑业就业量数据(单位：千人)　附表 4

	2008	2009	2010	2011	2012
总就业人数	120904	114510	111970	113426	115938
建筑业就业人数	7044	5967	5389	5191	5261
500 人以下的企业	5921	5018	4546	4343	4380
微型企业	2587	2297	2172	2060	2071
小型企业	2116	1762	1486	1506	1511
中型企业	1219	959	888	778	798
大型企业	1122	949	843	848	881

数据来源：U. S. Census Bureau of the Department of Commerce

2008～2012 年美国建筑业工资总额数据(单位：百万美元)　附表 5

	2008	2009	2010	2011	2012
所有行业工资总额	5130509	4855545	4940983	5164898	5414256
建筑业工资总额	333082	280943	260959	265212	275202
500 人以下的企业	265148	221736	207246	209129	215576
微型企业	98224	85687	84097	83914	85256
小型企业	102076	84572	75900	79106	81148
中型企业	64848	51476	47250	46108	49172
大型企业	67934	59207	53713	56084	59626

数据来源：U. S. Census Bureau of the Department of Commerce

2008～2012 年美国建筑业平均工资数据(单位：美元)　　附表 6

	2011	2012
所有行业平均工资	45，535	46，699
建筑业平均工资	51，092	52，310
500 人以下的企业	48，150	49，218
微型企业	40，740	41，169
小型企业	52，531	53，707
中型企业	59，290	61，605
大型企业	66，166	67，686

数据来源：U. S. Census Bureau of the Department of Commerce

美国住宅和非住宅建筑业新建筑完工量价值(单位：百万美元)

附表 7

建筑类别	2013	2014	同比增长率(%)
住宅	342，203	354，095	3.5
非住宅	568，561	606，105	6.6
出租房屋	13，585	16，103	18.5
办公室	37，620	44，619	18.6
商业	50，992	57，244	12.3
医疗卫生	41，484	38，976	－6.0
教育	77，996	78，363	0.5
宗教	3，678	3，559	－3.2
公共安全	9，652	9，312	－3.5
娱乐和休闲	15，513	16，682	7.5
交通	39，731	41，875	5.4
通信	17，294	16，074	－7.1
能源	90，639	100，622	11.0
高速路和街道	81，212	84，259	3.8
污水和废物处理	21，676	22，628	4.4
水供应	13，515	12，944	－4.2
环境保护与发展	6，028	7，512	24.6
制造业	47，945	55，336	15.4
建筑业总价值量	910，764	960，200	5.4

数据来源：U. S. Census Bureau of the Department of Commerce

美国私人住宅和公共住宅建筑业新建筑完工量价值(单位：百万美元)

附表 8

建筑类别	2013	2014	变化百分比(%)
私人建筑	641，146	686，219	7.0
住宅	336，209	348，883	3.8
新单户住宅	170，768	191，574	12.2
新多户住宅	32，330	43，509	34.6
非住宅	304，937	337，335	10.6
出租房屋	13，133	15，604	18.8
办公室	29，785	36，876	23.8
商业	48，743	55，391	13.6
医疗	30，347	28，943	−4.6
教育	16，736	16，466	−1.6
宗教	3，652	3，550	−2.8
公共安全	123	208	69.1
娱乐和休闲	7，222	7，688	6.5
交通	11，044	11，938	8.1
通信	17，130	15，897	−7.2
能源	78，549	88，787	13.0
污水和废物处理	437	272	−37.8
水供应	618	558	−9.7
制造业	47，226	54，795	16.0
公共建筑	269，618	273，981	1.6
住宅	5，994	5，212	−13.0
非住宅	263，624	268，769	2.0
办公室	7，835	7，743	−1.2
商业	2，249	1，853	−17.6
医疗卫生	11，137	10，033	−9.9
教育	61，261	61，896	1.0
公共安全	9，529	9，104	−4.5
娱乐和休闲	8，290	8，994	8.5
交通	28，687	29，937	4.4

续表

建筑类别	2013	2014	变化百分比(%)
能源	12，090	11，835	−2.1
高速路和街道	81，099	84，048	3.6
污水和废物处理	21，240	22，356	5.3
水供应	12，897	12，386	−4.0
保护和发展	5，949	7，360	23.7

数据来源：U. S. Census Bureau of the Department of Commerce

美国建筑业增加值和员工工资总额(单位：百万美元)　　附表 9

	建筑业增加值	建筑业增加值占 GDP 比重(%)	建筑业员工工资总额
1997 年	340697	3.96	228596
1998 年	380461	4.19	252934
1999 年	418395	4.33	278146
2000 年	462338	4.50	307581
2001 年	488008	4.59	325403
2002 年	494856	4.51	327032
2003 年	527133	4.58	335721
2004 年	587529	4.79	357933
2005 年	654105	5.00	387464
2006 年	698228	5.04	421439
2007 年	714988	4.94	439767
2008 年	652984	4.44	433348
2009 年	577295	4.00	369123
2010 年	541617	3.62	344851
2011 年	546614	3.52	348942
2012 年	586676	3.63	368310
2013 年	619923	3.70	390384

数据来源：U. S. Census Bureau of the Department of Commerce

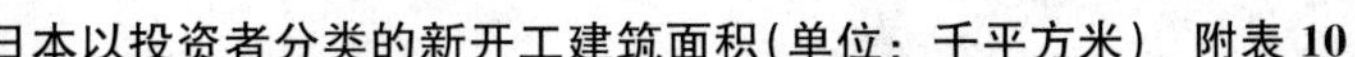

日本以投资者分类的新开工建筑面积(单位：千平方米) 附表 10

	总计	中央政府	都道府县	市町村	企业	非企业团体	个人
1985	199，560	4，525	4，703	11，234	66，998	11，193	100，907
1990	283，421	4，591	5，542	12，878	128，226	12，870	119，315
1995	228，145	4，505	5，754	11，045	80，475	13，438	112，927
2000	200，259	3，815	3，791	8，115	79，295	14，200	91，043
2005	186，058	1，695	1，975	5，591	93，126	11，379	72，293
2009	115，486	1，472	1，641	4，920	47，428	7，720	52，306
2010	121，455	1，178	1，751	5，343	48，751	10，278	54，154
2011	126，509	1，207	1，963	5，299	51，874	12，379	53，786

数据来源：日本统计年鉴 2014

日本以投资者分类的新开工建筑成本估计值(单位：十亿日元)

附表 11

	总计	中央政府	都道府县	市町村	企业	非企业团体	个人
1985	23，223	647	661	1，626	7，764	1，473	11，053
1990	49，291	890	1，088	2，553	24，302	2，618	17，840
1995	37，892	985	1，335	2，752	11，737	2，691	18，391
2000	31，561	849	836	1，836	10，569	2，790	14，682
2005	28，027	305	397	1，073	12，694	2，058	11，500
2009	20，407	314	341	1，069	8，192	1，622	8，869
2010	20，691	236	382	1，164	7，735	1，999	9，175
2011	21，303	230	408	1，151	7，932	2，427	9，154

数据来源：日本统计年鉴 2014

日本以构造类型分类的新开工建筑面积(单位：千平方米) 附表 12

	木质建筑	钢结构或者混凝土建筑	混凝土建筑	钢结构建筑	混凝土砌块建筑	其他
1985	70493	17748	42571	67926	528	293
1990	85397	32288	58061	106841	460	374
1995	84167	17775	43847	81575	351	431
2000	72023	17245	37565	72804	156	465
2005	63270	5440	46640	70067	101	540

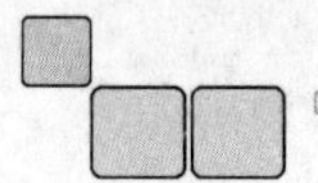

续表

	木质建筑	钢结构或者混凝土建筑	混凝土建筑	钢结构建筑	混凝土砌块建筑	其他
2009	48225	2753	24280	39693	79	456
2010	52255	2818	25190	40609	88	494
2011	52799	2982	28994	41115	87	532

数据来源：日本统计年鉴 2014

日本以构造类型分类的新开工建筑成本估计值(单位：十亿日元)

附表 13

	木质建筑	钢结构或者混凝土建筑	混凝土建筑	钢结构建筑	混凝土砌块建筑	其他
1985	7352	3057	6155	6586	51	22
1990	11248	9260	12947	15753	51	32
1995	13328	4067	8726	11682	44	45
2000	11454	3523	6861	9636	27	60
2005	9616	1010	8000	9305	12	84
2009	7554	730	5318	6731	13	60
2010	8182	638	5187	6622	13	49
2011	8280	711	5712	6537	13	50

数据来源：日本统计年鉴 2014